Terapia Relacional Sistêmica

Famílias
Casais
Indivíduos
Grupos

Terapia Relacional Sistêmica - Famílias, Casais, Indivíduos, Grupos

1ª Edição - 4ª Reimpressão 2025

DIRETOR
Alcebino Sanatana

DIREÇÃO DE ARTE
Tiago Rabello

REVISÃO
Maggy de Matos

CAPA
Artesã Editora

DIAGRAMAÇÃO
Fabrício Tacahashi Lau dos Santos Sílvio Gabriel Spannenberg

Rosset, Solange Maria

Terapia Relacional Sistêmica. Famílias, Casais, Indivíduos, Grupos/ Solange Maria Rosset. – Belo Horizonte : Artesã Editora, 2020.

140 p. ; 21 cm.

ISBN: 978-85-8800-930-1

1. Terapia de família. 2. Relações pais e filhos. 3. Terapia Relacional Sistêmica. I. Título.

CDU 159.98

IMPRESSO NO BRASIL
Printed in Brazil

(31)2511-2040 (31)99403-2227
www.artesaeditora.com.br
Rua Rio Pomba 455, Carlos Prates - Cep: 30720-290 | Belo Horizonte - MG
/artesaeditora

Solange Maria Rosset

Terapia Relacional Sistêmica

Famílias
Casais
Indivíduos
Grupos

Sumário

Apresentação

A decisão de escrever um livro juntando todos os trabalhos clínicos que são realizados pela Terapia Relacional Sistêmica aconteceu após muitos anos trabalhando com profissionais e terapeutas em cursos de pós-graduação ou de formação em terapia sistêmica e terapia de família e casal. Sentindo falta de um material claro e conciso sobre os assuntos que eu abordava quando ministrava aulas ou dirigia seminários, oficinas e supervisões, resolvi organizá-lo.

Ao preparar este livro, meu desejo é levar aos interessados – em terapia, terapia sistêmica, terapia individual e de grupo, terapia de casal e de famílias – informações a respeito de como se trabalha, quais são as posturas, qual é a proposta clínica e técnica da Terapia Relacional Sistêmica, como também salientar o que ela tem de diferente das outras abordagens sistêmicas.

Aos profissionais que participaram dos cursos de formação em Terapia Relacional Sistêmica comigo, além do meu agradecimento pela confiança, pelo incentivo e auxílio durante tantos anos de trabalho, quero deixar uma obra que os auxilie a rever assuntos, aprimorar conceitos e, acima de tudo, que os desafie a ir adiante, ousar e criar além do que lhes foi ensinado.

A todos os profissionais, mesmo de outras áreas de atuação além da clínica, quero colocar em foco não a verdade ou a melhor forma de fazer terapia, mas sim idéias e posturas pertinentes a esta proposta terapêutica, que podem servir de alavanca para integrações em outras formas de trabalho ou de convite a outras criações.

A linguagem usada é a linguagem coloquial que sempre usei com meus alunos e uso nos trabalhos e palestras que realizo. Escolhi mantê-la assim, correndo o risco de parecer pouco científica e nada acadêmica, por ser coerente com a proposta básica.

Os conceitos sistêmicos básicos são tidos como pressupostos já conhecidos pelo leitor e, portanto, não são explicitados ou explicados. Para os leitores que não têm intimidade com as idéias sistêmicas, incluí indicações de bibliografia para consulta complementar sobre o assunto, como também fico à disposição para contatos por via eletrônica ou telefone.

Além das definições técnicas e clínicas, foram incluídos temas gerais que, na compreensão relacional sistêmica, são importantes para o trabalho terapêutico.

Todos os itens apresentados servem para dar a noção do que e como se trabalha. As nuanças das situações só se aprendem na prática, e isso não tem como colocar num livro. Da mesma forma, a habilidade só se adquire no treino, na reflexão e na ousadia da própria criação.

Curitiba, primeiro de junho de dois mil e oito, quatorze horas e vinte e seis minutos.

Histórico 1

A estruturação da Terapia Relacional Sistêmica aconteceu no Núcleo de Psicologia Clínica de Curitiba, PR, na década de 1980. A necessidade de dar um "rótulo" ao trabalho desenvolvido surgiu em função de já estarem integrados outros modelos desde o início das atividades com Terapia Sistêmica. Então, em 1989, o trabalho (clínico e de formação de profissionais) foi reorganizado e recebeu um nome que o diferenciasse das demais linhas clínicas e sistêmicas. Foi assim registrada a Terapia Relacional Sistêmica.

Sistêmica porque o enquadramento, a proposta terapêutica, o trabalho com foco e a leitura básica eram realizados dentro do enfoque sistêmico; **Relacional** porque propunha um trabalho focado na relação terapêutica, na compreensão dos conteúdos relacionais da situação real do cliente, na compreensão do homem como um ser em relação e com possibilidade de perceber e ter mais controle sobre seus traços de caráter através do trabalho relacional na sessão terapêutica.

Por ser uma síntese e integração de muitos anos de trabalho, várias influências teóricas e técnicas somaram-se à experiência, à reflexão e ao desenvolvimento pessoal das suas sintetizadoras. No entanto, para compreender quais aspectos são particulares da Terapia Relacional Sistêmica, torna-se necessário delimitar as influências mais significativas: a Terapia Psicodramática, a

Terapia Corporal e a Terapia Sistêmica.

Do Psicodrama, foram incorporados:

- a proposta básica da Relação Terapêutica: o processo terapêutico visto como um relacionamento experiencial entre cliente e terapeuta, com potencial terapêutico[1];
- o trabalho focado no momento, no aqui e agora: na vivência do momento presente, relacional terapêutico, o passado é presente e o futuro também o é[2];
- as teorias de Matriz de Identidade [3] e Núcleo do EU [4] para a compreensão do processo de desenvolvimento;
- as noções de contextos e níveis de trabalho[5];
- o instrumental técnico psicodramático: possibilidades de usar a ação como instrumento terapêutico[6].

Também foram agregados:

- a filosofia e a forma de ver o homem[7] [8];
- a proposta da terapia como um espaço de ação e relação [9] [10];
- os conceitos de espontaneidade e criatividade[11];
- a noção de catarse de integração[12] [13].

Essa abordagem possibilitou desenvolver a habilidade de usar instrumentos técnicos para facilitar o andamento das sessões, a compreensão e as vivências de que os clientes necessitavam[14] [15] [16] [17] [18] [19] [20] [21] [22] [23].

---

1 FONSECA FILHO, J. *Psicodrama da loucura*. São Paulo: Agora, 1980. p. 28.
2 *Ibid*., p. 07.
3 *Ibid*., p. 83.
4 DIAS, V. R. C. S. *Psicodrama*. Teoria e prática. São Paulo: Agora, 1987. p. 11.
5 ROJAS-BERMUDEZ, J. G. *Introdução ao psicodrama*. São Paulo: Mestre Jou, 1980. p. 25 e 28.
6 MONTEIRO, R. F. *Técnicas fundamentais do psicodrama*. São Paulo: Agora, 1998.
7 FONSECA FILHO, J. *Psicodrama*. p. 6, 11 e 25.
8 MENEGAZZO, C. M. *Magia, mito e psicodrama*. São Paulo: Agora, 1994. p. 69.
9 FONSECA FILHO, J. *Psicodrama*.
10 FONSECA FILHO, J. *Psicoterapia da relação*. São Paulo: Agora, 2000. p. 22.
11 MORENO, J. L. *Psicodrama*. São Paulo: Cultrix, 1975. p. 135.
12 ROJAS-BERMUDEZ, J. G. *Introdução ao psicodrama*. São Paulo: Mestre Jou, 1980. p. 48.
13 MORENO, J. L. *Psicodrama*. p. 63.
14 *Ibid*.
15 WILLIAMS, A. *Psicodrama estratégico*. São Paulo: Agora, 1994.
16 DIAS, V. R. C. S. *Psicodrama*.

Da Terapia Corporal e de Energia foi adotada como base a Compreensão Energética dos seres vivos, com os seguintes conceitos:

- a noção de economia da energia: fluxo, carga, descarga, relaxação[24];
- a teoria do desenvolvimento de caráter para compreensão do funcionamento dos indivíduos[25] [26] [27];
- o arsenal técnico e a permissão para o contato corporal com o cliente[28];
- a compreensão do ser humano como um campo energético[29] [30];
- a possibilidade de trabalhar sem dicotomizar a pessoa (corpo/mente/relação)[31] [32];
- a compreensão para desenvolver um trabalho preventivo[33] [34] [35].

Essa orientação possibilitou que a terapia fosse realmente um processo atuante e integrador[36] [37] [38] [39] [40] [41] [42] [43] [44] [45] [46].

---

17 MONTEIRO, R. F. *Técnicas fundamentais do psicodrama*. São Paulo: Agora, 1998.
18 DIAS, V. R. C. S. *Análise psicodramática*. São Paulo: Agora, 1994.
19 BUSTOS, D. M. *Novas cenas para o psicodrama*. São Paulo: Agora, 1999.
20 FONSECA FILHO, J. *Psicodrama*.
21 FONSECA FILHO, J. *Psicoterapia*.
22 MENEGAZZO, C. M. *Magia*.
23 ROJAS-BERMUDEZ, J. G. *Introdução*.
24 LOWEN, A. *Bioenergética*. São Paulo: Summus, 1982. p. 40.
25 BAKER, E. F. *O labirinto humano*. São Paulo: Summus, 1980. p. 123.
26 LOWEN, A. *Bioenergética*. p. 131
27 REICH, W. *Análise do caráter*. São Paulo: Martins Fontes, 1972. p. 181.
28 LOWEN, A. *Bioenergética*. p. 60.
29 *Id.*
30 COSTA, R. A. *Sobre Reich*: sexualidade e emoção. Rio de Janeiro: Achiamé, 1984. p. 27.
31 DYCHTWALD, K. *Corpomente*. São Paulo: Summus, 1984.
32 REICH, E.; ZORNANSZKY, E. *Energia vital pela bioenergética suave*. São Paulo: Summus,1998. p. 290.
33 BAKER , E. F. *O labirinto*. p. 265.
34 LOWEN, A. *O corpo em terapia*. São Paulo: Summus, 1977. p. 141.
35 REICH, E.; ZORNANSZKY, E. *Energia*. p. 22 e 102.
36 LOWEN, A. *Bioenergética*.
37 LOWEN, A. *O corpo*.
38 DYCHTWALD, K. *Corpomente*.
39 REICH, W. *Análise*.

Da Terapia de Sistemas Familiares, foi adotada a leitura sistêmica das situações, bem como a postura básica de que a responsabilidade do processo é do cliente e de que o foco da terapia é a mudança. Foram integradas, ainda, as intervenções sistêmicas, a instrumentação do tempo, o planejamento dos atendimentos visando eficácia e o enquadre básico do processo terapêutico*. As idéias básicas do trabalho foram fortemente influenciadas pelas propostas terapêuticas de Maurizio Andolfi[47] [48], Carl Whitaker[49] [50], Salvador Minuchin[51] [52] e Virgínia Satir[53].

Em 1993, encerrei o trabalho com a equipe do Núcleo de Psicologia Clínica e iniciei uma reorganização da Terapia Relacional Sistêmica até chegar às definições técnicas e clínicas que hoje norteiam esse trabalho.

---

40 REICH, W.; ZORNANSZKY, E. *Energia*.
41 BAKER , E. F. *O labirinto*.
42 COSTA, R. A. *Sobre Reich*.
43 ROSSET, S. M. *Prevenção de neurose*. Curitiba, 1984.
44 ROSSET, S. M. *Psicologia do parto*. Curitiba, 1983.
45 ROSSET, S. M. *Corpo, mito, destino e liberdade*. Curitiba, 1991.
46 ROSSET, S. M. *Aplicação da abordagem corporal na terapia de casal e família*. Curitiba, 2005.
* Esses conceitos serão explicitados nos capítulos seguintes.
47 ANDOLFI, M. *A terapia familiar*. Lisboa: Editorial Veja, 1981.
48 ANDOLFI, M. *et al. Por trás da máscara familiar*. Porto Alegre: Artes Médicas, 1984.
49 WHITAKER, C. *Dançando com a família*. Porto Alegre: Artes Médicas, 1990.
50 NNEIL, J. R.; KNISKERN, D. P. *Da psique ao sistema*. A evolução da terapia de Carl Whitaker. Porto Alegre: Artes Médicas, 1990.
51 MINUCHIN, S. *Famílias*: funcionamento e tratamento. Porto Alegre: Artes Médicas, 1990.
52 MINUCHIN, S.; FISHMAN, H. P. *Técnicas de terapia familiar*. Porto Alegre: Artes Médicas, 1990.
53 SATIR, V. *Terapia do grupo familiar*. Rio de Janeiro: Francisco Alves, 1977.

Pressupostos 2

Pensamento Relacional Sistêmico

Ao pensar sistemicamente a vida, uma das primeiras coisas das quais se abre mão é da segurança em acreditar que existe uma separação, uma clareza entre o certo e o errado, pois o certo muda e perde a importância dependendo do ângulo a partir do qual olhamos a situação. O certo só é certo, a verdade só é a verdade, se fixarmos um olhar e não mudarmos de ângulo, de contexto, de configuração.

Na compreensão linear, cartesiana, o foco ou a preocupação principal na avaliação das situações é descobrir o porquê das reações e dos fatos. Isso se dá pela crença de que existe uma simplicidade na compreensão dos fatos; pela crença de que teremos controle sobre as respostas e os efeitos se definirmos qual é a sua causa. No entanto, a vida e as relações são complexas e multicausais.

Pensar dessa forma traz à tona a questão de que não existem vítimas ou bandidos, culpados ou inocentes. Acreditar que eles existem é uma forma simplista de ver e lidar com as situações relacionais. Se nos posicionarmos como juízes, vítimas ou bandidos, a realidade ficará delimitada, os papéis e as hipóteses ficarão cristalizados e muito pouco haverá para fazer além de condenar, punir, culpar. Acreditar que os lances de relacionamento são circulares, são co-desencadeadores e que o comportamento de um desencadeia e mantém o comportamento do outro, e vice-versa, abre novas possibilidades de compreensão. Dependendo do ponto em que a atenção é colocada, é possível enxergar diferenças totais no desenvolvimento das seqüências comportamentais. Se compreenderem que todos são parceiros na situação, todos passam a ser completamente responsáveis pelo que acontece, a ser responsáveis e potentes; podem desencadear, podem mudar o andamento, podem encerrar.

Terapia Relacional Sistêmica e Padrão de Funcionamento

Na Terapia Relacional Sistêmica, trabalhamos com padrão de relação, focando nos padrões de funcionamento. Padrão de funcionamento é uma forma repetitiva que o sistema usa para responder e reagir às situações da vida e às situações relacionais. Quanto menos consciente a pessoa é do seu padrão de funcionamento, tanto mais fica à mercê das conexões dos sistemas aos quais pertence, com menos possibilidades de fazer escolhas.

O **padrão de interação** é a repetição de uma seqüência de lances (como num jogo) ou de interações (verbais e/ou não verbais); são elementos que se repetem sempre e que obedecem a um conjunto de **regras** fixas. Essas regras são fixadas em função de valores maiores do sistema e têm a tarefa de manter as **leis** que definem a existência do sistema. A forma específica (e mais ou menos flexível) que o sistema e seus subsistemas utilizam para manter suas regras são as **estratégias**. As leis do sistema são fixas, inconscientes, e delas depende a existência do sistema; a palavra que aponta a lei é "É". As regras são menos rígidas, semiconscientes ou subconscientes, e delas dependem a estrutura do sistema; a palavra que aponta uma regra é "Tem que". As estratégias são mais flexíveis e podem ser conscientes, e delas depende a riqueza do sistema; a palavra que as mostra é "Pode ser". Se as leis forem rompidas, o sistema desintegra-se; se as regras forem rompidas, o sistema desestrutura-se; se as estratégias forem rompidas, o sistema desequilibra-se. Essa compreensão vale para qualquer tipo de sistema, inclusive para indivíduos, famílias e casais, e é útil para o terapeuta saber em que espaço está atuando, bem como a intensidade e os riscos das suas intervenções. Num processo de Terapia Relacional Sistêmica, um dos objetivos do trabalho clínico é flexibilizar, ter consciência e aumentar o número de estratégias funcionais do sistema. Dessa forma, aos poucos, o sistema vai enriquecendo sua instrumentação relacional e emocional e, vagarosamente e sem riscos, vai flexibilizando suas regras.

Para enxergar os próprios padrões, é necessário ter uma real vontade de empreender essa busca e uma profunda humildade consigo mesmo para enxergar seu funcionamento sem as conotações lineares de bom ou ruim, certo ou errado, mas como uma condição pessoal, que depende do próprio indivíduo conhecer e ter autonomia sobre ele.

Aprender a ver os padrões de funcionamento é como solucionar um quebra-cabeças: uma peça de cada vez, sem aparente ligação com a figura; porém, de um momento para o outro, ficam claros o objetivo, o jogo, o padrão. Então, o primeiro passo para ter controle sobre padrões repetitivos é aprender a enxergá-los. Só após isso, é possível saber quais aprendizagens são necessárias, qual o caminho para ficar "dono de si", dono dos seus comportamentos. Esse é um processo contínuo e ininterrupto; sempre haverá um novo ângulo a ser descoberto, uma nova ligação a ser percebida.

Escolhas e Responsabilidade

Na compreensão relacional sistêmica, a qualidade de vida de um indivíduo depende do nível de consciência que ele tem sobre suas escolhas e da responsabilidade que ele tem com suas mudanças. A preocupação relacional sistêmica é de enxergar o quê e como algo está acontecendo. Então, o foco não é no passado, buscando-se algo ou alguém culpado pelo que aconteceu, mas no presente, avaliando-se quem está envolvido na situação, de que modo, quais são os padrões relacionais que estão ocorrendo. Assim, mais importantes do que os conteúdos são os padrões de interação e funcionamento, sempre conectados com o momento e o contexto. O foco está em buscar novas alternativas de funcionamento e mudança.

Ser responsável significa ter consciência do seu desejo, ter opções de escolha, fazer sua escolha e aceitar as conseqüências e os resultados dela. Tomar contato com seu funcionamento é tomar consciência de como reage; é passar a ser responsável pelos comportamentos que escolhe ter, pelas reações que tem aos comportamentos dos outros e, inclusive, pelas reações que os outros têm aos seus comportamentos.

Uma postura importante no referencial relacional sistêmico está ligada às escolhas. Tudo na vida é de própria escolha. Nada acontece que não seja escolha e responsabilidade da própria pessoa. Escolhe-se tudo o que faz parte da vida. Escolhem-se o comportamento, os sentimentos, os pensamentos, as enfermidades, o corpo, as reações, a espontaneidade, a morte. O nível de consciência que se tem do andamento das escolhas é que é maior ou menor. Portanto, aumentar esse nível de consciência das escolhas é um dos objetivos do processo terapêutico.

A responsabilidade mais difícil é olhar para dentro de si mesmo, descobrir os sentimentos, os medos, as defesas, os álibis. Com humildade, mas sem julgamentos críticos ou culposos, pode-se chegar a um nível de autoconsciência que abre novos caminhos para crescimento e desenvolvimento.

Desenvolver a consciência do próprio funcionamento e da responsabilidade pelas escolhas elimina completamente a culpabilidade. Não existe mais crítica a si ou aos outros, mas sim um estado de coisas, um funcionamento, um aspecto para ser flexibilizado e ampliado.

Processo

Muitas vezes, ao enxergar o padrão de funcionamento, a pessoa tem um desânimo, pois não sabe fazer diferente. E não sabe mesmo, a priori, porque nunca fez ou não tem as habilidades e os conhecimentos necessários para fazer diferente. No processo de desenvolvimento, uma criança passa por fases que trazem sentimentos, vivências, carências e aprendizagens específicas. Se a criança, nessas fases, independentemente das razões e explicações, passou por dificuldades, ela vai se proteger, defender-se, sem conseguir realizar as aprendizagens. E, ainda, vai cristalizar seu funcionamento. Quando inicia seu processo de mudança, muitas das aprendizagens que ficaram retidas precisarão ser reativadas e realizadas, para facilitar as mudanças específicas daquela pessoa.

Outras vezes, no momento presente, surgem aspectos – externos ou internos – que a pessoa não conhece, não domina. Esses itens farão falta para suas mudanças e para seu crescimento, podendo desencadear uma série de novas aprendizagens. Realizar essas aprendizagens criará novas estratégias de funcionamento e ajudará no andamento do processo.

A forma, o ritmo, os sentimentos, as facilidades, as dificuldades do processo de aprendizagem variam de pessoa para pessoa, em função da sua história de mudanças, da maior ou menor flexibilidade que ela e sua família têm, bem como de várias outras variáveis individuais.

A partir do momento que a pessoa compreende o que são "padrões de funcionamento", ela inicia seu processo de mudança. No entanto, a palavra-chave para ser lembrada é **processo**. Isso significa que nada ocorre rapidamente, que nada ocorre isoladamente; nada ocorre sem trabalho, sem vais e vens. O processo de mudança inicia-se, então, ao tomar-se contato com a noção de padrão de funcionamento e passa por etapas, passos, momentos e movimentos, que vão dando conhecimento, consciência e compreensão do seu funcionamento. Depois, pode-se descobrir como, o quê e quando os fatos, as reações e as emoções acontecem. A partir daí, pode-se passar a trabalhar descobrindo para quê faz determinada ação ou tem determinada reação. A seguir, surge o desejo de mudar, que implica na energia necessária para o trabalho de mudança. No entanto, só o desejo não vai resolver as questões, nem facilitar o processo; é necessário criar a vontade de mudar – que implica na ação concreta, no movimento explícito. De fato, só aí o desenvolvimento das aprendizagens necessárias (as que ficaram faltando nas etapas de desenvolvimento ou aquelas que o momento está exigindo) vai se iniciar. Só depois, então, começa-se a planejar as estratégias da mudança, a experimentar e pôr em prática as novas possibilidades, a treinar, treinar, treinar, até que isso passe a fazer parte do jeito de ser.

Ao romper a rigidez de um padrão, antes inconsciente e agora sob controle, é necessário ficar atento ao risco das recaídas e às novas mudanças que surgirão. Ao realizar uma mudança, fica o sinal, a marca da nova experiência; esta quanto mais repetida, mais firme ficará, mas é indispensável ficar atento às recaídas, sem persecutoriedade, mas sem ingenuidade.

Ao passar a ter consciência e controle das compulsões, começa-se a ter possibilidade de fazer reais escolhas. E são escolhas com alegria de viver, com a qualidade de vida que estava estocada em algum lugar do ser e controlada pelos padrões inconscientes e rígidos.

A partir de aceitar a responsabilidade pelas escolhas da vida, tudo fica diferente. Tem-se poder. Decide-se. Fica-se no controle.

A Terapia Relacional Sistêmica não é uma técnica para terapias, nem uma estratégia clínica, nem uma forma de atender determinada clientela. É, antes de qualquer atendimento ou técnica, uma postura perante a vida. Por ser uma forma de pensar a realidade, de estar nas relações e situações, pode-se adequá-la a vários tipos de clientes – indivíduos, casais, famílias, grupos, instituições – mantendo-se suas propostas de orientação. Tem-se a possibilidade de atender clientes, independente do tipo das queixas ou sintomas, pois se atua focando o padrão de funcionamento que está dando base para as dificuldades ou os problemas relatados.

Padrão de Funcionamento 3

O Que É

Padrão de funcionamento é a forma repetitiva que um sistema estabelece para agir e reagir às situações de vida e aos relacionais. Na maioria das vezes, ele é inconsciente e automático. Engloba o que é dito e o que não é dito, a forma como são ditas e feitas as coisas, bem como todas as nuanças dos comportamentos. O padrão de funcionamento aparece em todos os aspectos da pessoa ou do sistema. Pode ser visto no corpo, no pensamento, no sentimento, na ação e, especialmente, nas relações. Também fazem parte do padrão de funcionamento as compulsões relacionais básicas*, as defesas automáticas, os álibis prediletos†.

Como se Estrutura

Esse padrão estrutura-se na entrada da criança no sistema familiar, partir da forma como a família atua o seu padrão básico. Nas relações familiares, vai se definindo o padrão do indivíduo desde que ele nasce. Ele está sob influência dos pensamentos, emoções e comportamentos dos seus pais e familiares, independente de eles terem consciência ou não do que pensam, sentem ou fazem. Essa influência passa através do que é dito, mas também através do que não é dito, do que é evitado, do

---

* Ver item Compulsões Relacionais, p. 54.
† Ver item Álibis Relacionais, p. 59.

que é escondido.

Tendo um olhar trigeracional, pode-se ver o padrão de funcionamento das famílias de origem dos pais, o padrão de cada um dos cônjuges/pais, a estruturação do padrão familiar, a influência/determinação no padrão dos filhos, e assim sucessivamente.

Aspectos que Servem para Avaliação dos Padrões de Funcionamento

- → Comunicação: as palavras que cada pessoa usa, a forma como fala, a intensidade, os lapsos, o tom, as desqualificações e todos os outros ângulos que se repetem quando se comunica e, especialmente, quando se comunica com seus parceiros/seus familiares ou sobre seus parceiros/seus familiares.
- → Lazer: a qualidade, as escolhas, as preferências, o que fazem e gostam de fazer sozinhos ou em conjunto, o valor que dão para o lazer e para companhias no lazer.
- → Sexualidade: as queixas, dificuldades e carências que cada um tem, bem como as expectativas, demandas e depositações que têm sobre os parceiros.
- → Profissão: as escolhas profissionais, as qualificações e desqualificações dos aspectos profissionais. O uso que fazem das questões profissionais para o desenvolvimento das relações ou como álibis e motivos para dificuldades e desavenças.
- → Vestuário: como se vestem, a congruência entre o vestuário das pessoas do casal ou família, a avaliação e os comentários sobre o seu e sobre o dos outros.
- → Tarefas comuns: como lidam com a divisão de tarefas, como usam as tarefas para ajudar-se ou como fonte de insatisfações e desavenças.
- → Saúde: as doenças que cada um tem, os sintomas físicos e doenças que são comuns ao sistema conjugal e/ou

familiar, a forma como lidam quando um ou outro adoece, como cada um sente-se nessas ocasiões.

- Corpo: a estrutura corporal, os formatos, os sintomas e sinais, os padrões de beleza que cada um tem e como lidam com essas questões na relação, nas dificuldades e discrepâncias.
- Mágoas: a quantidade, qualidade e "idade" das mágoas, a forma e função do uso que fazem delas e os álibis que elas lhes dão.

Formas como as Pessoas Usam os Elementos nos seus Jogos Relacionais

- Depositações: qual é o nível de consciência que se tem do fato de queixar e enxergar nos outros dificuldades que são suas; o quanto esse fato gera situações insolúveis, tipo "Jogo do sem fim", ou desencadeia uma escalada de depositações, defesas, ataques.
- O que não é dito: os assuntos que são evitados; o que acontece com eles – se são esquecidos, se são passados através de outro nível de comunicação, se o não-falar é uma desistência, uma concessão ou uma escolha racional; quais climas, sentimentos e comportamentos esse "não-dizer" desencadeia.
- O que "se vê" e "se ouve": como se lida com os aspectos que não são passíveis de contato e controle concreto e racional, como a intuição, as percepções, as fantasias, os climas emocionais, os paraverbais.
- Diferenças: até que ponto utilizam-se as diferenças de valores, as crenças, o funcionamento como fonte de aprendizagem ou como utensílios para a competição, e também a forma como se faz isso.

No processo terapêutico, o cliente vai se trabalhando e

flexibilizando aspectos do seu padrão de funcionamento. A forma, a velocidade, os encaminhamentos, as estratégias para isso serão definidas de acordo com o manejo do terapeuta (sua experiência, seu próprio padrão de funcionamento, suas vivências pessoais) e as disponibilidades e possibilidades dos clientes (o quanto eles estão envolvidos na tarefa, o nível de pertinência para a mudança, o quanto de consciência e responsabilidades eles tem sobre seu padrão e suas escolhas).

Não existe Padrão de Funcionamento bom ou ruim, melhor ou pior. O Padrão de Funcionamento simplesmente existe. O aspecto que faz diferença é o quanto o indivíduo enxerga seu padrão, aceita que ele é da sua forma específica e, a partir dessa compreensão, esforça-se para instrumentar seu pontos funcionais e ter controle sobre seus pontos disfuncionais.

Atendimento Clínico Relacional Sistêmico

4

Proposta

A partir de 1993, iniciou-se uma redefinição e reorganização do trabalho relacional sistêmico. Continuou-se com a proposta básica da Terapia Relacional Sistêmica, mas com uma diferença em relação aos outros trabalhos de abordagem sistêmica: o foco do trabalho clínico, como também da formação de especialistas, passou a ser no **padrão de funcionamento***. A tarefa terapêutica é, pois, **auxiliar o cliente a ter consciência do seu próprio padrão de funcionamento**; a partir disso, **auxiliá-lo a realizar as aprendizagens que se fazem necessárias** – aquelas que ficaram por fazer no processo de desenvolvimento ou que são necessárias nas novas fases que atravessa. Então, **auxiliá-lo a fazer as mudanças que são pertinentes**.

Foco do Trabalho

O ponto central do trabalho clínico é ajudar o cliente a desenvolver consciência do seu funcionamento, a realizar aprendizagens e a desencadear as mudanças necessárias.

O objetivo vai se modificar em cada caso, em função do pedido, dos sintomas, das pessoas envolvidas, dos dados de realidade, do momento, da pertinência do cliente para mudança,

---

* Ver capítulo Padrão de Funcionamento, p. 21.

do nível de consciência que ele tem do seu padrão de funcionamento, do contexto em que ele está inserido e do desejo e da vontade de realizar o processo.

É importante ter claro a definição de objetivos para o trabalho terapêutico, os quais sempre são particulares para cada indivíduo ou sistema acompanhado. A forma de trabalho (sessões individuais, de casal, família ou grupo; intervalo entre as sessões; tipos de tarefas e de encaminhamentos; sessões de reorganização sistêmica ou sessões processuais) será sempre definida em função do objetivo.

Postura

Uma postura importante é sintetizada pela frase metafórica: "Não dar mingau para quem já tem dentes para comer costela". Isso se refere à importância de diferenciar o momento em que o cliente está realmente frágil e vulnerável e necessita de cuidados e continente (precisa de "mingau"), daquele em que ele está usando suas dificuldades como álibi para não ir adiante, para não se responsabilizar, para não assumir suas questões (já tem "dentes fortes", mas continua pedindo "mingau"). Daí a importância de o terapeuta estar atento ao padrão de interação do sistema terapêutico, bem como ter cuidado para não estabelecer um vínculo tal com o cliente que, ao invés de ajudar seu crescimento, fique conivente com suas dificuldades e disfunções.

Clientes

Na Terapia Relacional Sistêmica, as pessoas atendidas são chamadas de clientes, e não de pacientes. Isso redefine a relação terapêutica e o foco da terapia. Se são clientes, elas têm um problema ou uma dificuldade, elas estão procurando um profissional para auxiliá-los, elas sabem o que querem, não são doentes e não delegam a importância, a decisão e a cura nas mãos do profissional. E, ainda, elas são também responsáveis pelas escolhas e decisões.

Metáforas

Um caminho útil e muito interessante é o uso de metáforas simples para facilitar a expressão da emoção, para encaminhar a compreensão do funcionamento ou para abrir novos caminhos, induzindo à empatia e, portanto, transmitindo idéias e sentimentos com maior eficácia. Elas são um instrumento de grande valia na terapia. O terapeuta poderá usar suas próprias metáforas ou construí-las a partir do mundo do cliente.

O Paradoxo do Pedido

Uma das idéias gerais na Terapia Sistêmica é que o pedido do cliente sempre é paradoxal. Na compreensão do funcionamento dos sistemas, sabe-se que as forças de mudança e de persistência coabitam dentro do sistema. Sempre que se aciona uma, desencadeia-se a outra. Quando o cliente aciona seu desejo de mudança, desencadeia seu desejo de permanecer igual: "Quero que tudo mude, mas que tudo permaneça igual". Quer que tudo mude porque o sofrimento é intenso; o mal-estar e a dor estão tornando a vida insatisfatória, desprazerosa ou insuportável; porém, o medo do desconhecido, as dificuldades que a mudança trará e a desacomodação que isso significa trazem à tona o desejo da não-mudança. O paradoxo do pedido pode estar depositado em pessoas diferentes do sistema ou aparecer no próprio funcionamento do sistema ao vir à terapia. Ao saber que isso ocorre sempre, em todas as situações terapêuticas e com todos os clientes, os terapeutas devem desenvolver uma postura coerente. Isso significa não interpretar como resistência ou maldade do cliente quando ele não faz tarefas, não coopera ou comete falhas e lapsos. O terapeuta deverá desenvolver estratégias para lidar com o desejo paradoxal do cliente, tendo paciência e compreensão pelas dificuldades e relutâncias que surgirem. Poderá, inclusive, explicar isso ao cliente, de forma que ele não se sinta confuso ou culpado pelos seus sentimentos e comportamentos.

Interpretações como Hipóteses

As interpretações sobre os conteúdos que o cliente traz tiram o foco do funcionamento e dificultam o trabalho na mudança, pois direcionam para a compreensão racional. Quando aparece um material, cujo contato mostra-se útil, é preferível fazer uma marcação e levantar possibilidades das relações entre sintomas, funcionamento, sentimentos. Isso pode ser feito usando-se metáforas, analogias ou explicando-se diretamente. No caso de fazer uma interpretação, ela será sempre do funcionamento, da forma, e não do conteúdo; sendo sempre uma hipótese a ser avaliada, e não uma verdade. Assim, auxilia-se o cliente a ter consciência do seu funcionamento e das aprendizagens e mudanças que precisa fazer, sem o risco da interpretação de conteúdo.

Recaídas

Prescrever a recaída ou alertar o cliente para esse risco é estratégia sistêmica muito poderosa. Entretanto, ao usar qualquer uma delas, o terapeuta deve ficar atento ao efeito da prescrição e ao uso que o cliente pode fazer dela. São prescrições fortes, mas perdem totalmente o efeito se forem deixadas soltas. Explicar a existência e a inevitabilidade das recaídas é uma forma que só será adequadamente usada se for monitorada para tornar o cliente cada vez mais consciente e responsável por seu processo.

Conhecer a **teoria das recaídas** auxilia os clientes e terapeutas a lidarem com a situação paradoxal das melhoras e das pioras dentro do processo terapêutico. Essa compreensão de recaídas é uma forma simples e concreta, usada para inserir a noção de recaídas durante o processo e a proposta de desenvolvimento da capacidade do cliente em gerir seus próprios controles de recaídas.

Essa teorização explica que as recaídas são: inevitáveis, desejáveis, administráveis, preveníveis (passíveis de serem descobertas com antecedência e evitadas).

São **inevitáveis** porque a natureza, a vida, é pulsátil, abre-fecha, começa-termina, sobe-desce, contrai-expande. É um movimento inevitável. Sempre vai haver uma recaída, uma volta ao estágio anterior nas aprendizagens, nos sintomas, nos controles, em tudo.

São **desejáveis** porque, através das recaídas, é possível avaliar o processo e os progressos. Fica-se sabendo o que já está consolidado e o que merece mais cuidado, mais treino, mais esforço.

São **administráveis** porque é possível lidar de forma funcional com elas. As formas de administrarem-se as recaídas são: saber dessa teorização; ao perceber-se em recaída, olhar para frente (ver o caminho que se tem para fazer, o processo) e para cima (como algo do processo, um item que faz parte, que é da evolução); evitar olhar para trás (como se tivesse voltado ao começo, uma regressão sem saída) e para baixo (ver como incapacidade, incompetência, má vontade, sem saída).

São **preveníveis** porque, após tomar consciência dos comportamentos e padrões e treinar administrar as recaídas, os sinais da recaída vão sendo percebidos. Conforme se identificam os sinais, mudam-se coisas e situações de forma a evitar ou retardar a recaída.

Sintomas

No trabalho relacional sistêmico, os sintomas são compreendidos como forma de mapear os pontos que precisam ser reorganizados. Portanto, os sintomas são usados como rastreadores do processo e vão mostrar o funcionamento do cliente. Assim, qualquer sintoma é compreendido não no seu conteúdo, mas no significado sistêmico que tem, e pode dar uma pista a respeito de aspectos, emoções ou funções com os quais estamos mexendo.

Ao mesmo tempo, é importante ficar atento aos sintomas relacionados com o padrão disfuncional (sintomas de defesa), com sinais de recaída ou, ainda, com a simbolização de dores e dificuldades em lidar com os conteúdos, com a história e com as mudanças (sintomas de processo).

Abordagem Corporal

A compreensão corporal possibilita um desenvolvimento do trabalho terapêutico em novos e variados ângulos. Na Terapia Relacional Sistêmica, tanto no trabalho individual como com casais e famílias, o uso da psicoterapia corporal é um dos eixos importantes. Tendo em vista os objetivos gerais da Terapia Relacional Sistêmica (auxiliar os clientes a terem consciência do seu próprio **padrão de funcionamento**, a realizarem as **aprendizagens** e as **mudanças** que são necessárias), as propostas e os instrumentos da psicologia corporal são de profunda utilidade.

A leitura corporal, o levantamento da estrutura de caráter nos aspectos físico, energético, relacional e emocional, e a compreensão das situações energéticas e de saúde física são elementos muito úteis para facilitar a leitura do padrão de funcionamento dos clientes, a compreensão da estrutura desse funcionamento, a definição de objetivos da terapia e a orientação das tarefas e aprendizagens.

Sabe-se que toda função psicológica desenvolve-se a partir de modelos fisiológicos e que as funções fisiológicas, psicológicas e relacionais são correlacionadas. Isso significa que uma habilidade ou uma disfunção física acarreta, conseqüentemente, uma habilidade ou disfunção psicológica e relacional. Um indivíduo que sabe dessa correlação pode estar trabalhando a partir do físico, do emocional ou do relacional.

Especificidades do Trabalho Relacional Sistêmico

É importante salientar alguns itens na forma de trabalho, que são específicos da Terapia Relacional Sistêmica.

- → É o mesmo terapeuta que atende todo o sistema. Pressupõe-se que o terapeuta tem treino e habilidade para trabalhar com os vários subsistemas familiares dependendo da necessidade de cada momento.
- → O foco do trabalho é na mudança e na aprendizagem. A compreensão das situações e a descoberta de fatos ou situações desencadeantes muitas vezes surgem no desenrolar da terapia, mas não mostram o foco a se trabalhar.
- → O cliente precisa ter pertinência e responsabilizar-se pelo processo. Mudar pressupõe que a pessoa faça os movimentos necessários e, de fato, envolva-se nas tarefas e decisões. Para isso, ela precisa ter condições (emocionais, intelectuais, de contexto) para suportar enxergar seu funcionamento e aventurar-se pelos novos caminhos. No caso de não se ter essas condições de pertinência e responsabilidade, o trabalho poderá ser apenas pontual, circulando pelos conteúdos e sentimentos, ou com objetivo de desenvolver pertinência e responsabilidade.
- → Trabalha-se com o que é possível fazer no ponto em que a pessoa está. Mesmo que o terapeuta enxergue muito para ser feito, a definição é pelo que é mais necessário, mais pertinente, viável no momento, respeitando-se o que o cliente pode e/ou quer fazer.

→ A forma como o terapeuta insere-se no sistema e constrói o vínculo terapêutico já vai, ativamente, interferindo e redefinindo. Isso faz com que a fase inicial já seja processo terapêutico.

→ O processo é do sistema que está em terapia (indivíduo, casal, família), mas é tarefa do terapeuta ativar o processo, facilitando que o movimento seja retomado e auto-regulado pelo sistema.

ATENDIMENTO CLÍNICO

O trabalho clínico realiza-se:

- sem colocar-se a prioridade no sintoma, mas sim na mudança e na aprendizagem de novos padrões de relação; com isso, não se isola o sintoma ou a área sintomática do contexto mais amplo da pessoa e das relações;
- fazendo-se a leitura da rede de relações, buscando-se a compreensão do grupo e do indivíduo; auxiliando-se o cliente a enxergar, a tomar consciência e a responsabilizar-se por suas ações e reações relacionais;
- intervindo-se considerando e rearranjando as relações entre os indivíduos e do indivíduo consigo mesmo, sendo a própria relação com o terapeuta um modelo de mudança;
- trabalhando-se com a identidade familiar e a identidade pessoal nas vertentes do pertencer e do diferenciar-se;
- usando-se os diversos níveis de comunicação verbal, não-verbal e para-verbal, bem como as situações terapêuticas que ocorrem na própria rede relacional do cliente, nas definições das tarefas e na relação terapêutica;
- identificando-se os padrões repetitivos de funcionamento da mente, das emoções e da rede de relações do cliente;
- focando-se no para quê se faz determinada ação e evitando se preocupar com o porquê;

- usando-se um amplo arsenal técnico e relacional;
- com ênfase no vivido, experimentado na sessão ou fora da sessão (tarefas, prescrições). O fazer é prioritário para mudar. Através da confecção de um trabalho específico, único, particular a cada pessoa, casal ou família, a terapia sai da padronização para a criação.

O processo terapêutico no enfoque relacional sistêmico é direcionado para auxiliar o cliente a:

- tomar consciência do seu padrão de funcionamento;
- realizar as aprendizagens necessárias – tanto as que ficaram sem serem realizadas no seu ciclo de desenvolvimento, como as que o momento e o contexto atual estão necessitando;
- realizar as mudanças que deseja ou necessita;
- ter clareza das suas compulsões relacionais e desenvolver meios de ter controle sobre elas;
- enxergar seus álibis pessoais e relacionais e decidir trocá-los por escolhas com responsabilidade.

Para desempenhar essa tarefa, o terapeuta irá trabalhar descobrindo e focando os padrões, os álibis, o funcionamento do cliente, de forma a poder:

- fazer uma programação de cada etapa do processo terapêutico de acordo com as aprendizagens que o cliente necessita e pode desenvolver;
- adequar o que ele precisa com o nível de consciência que ele tem;
- descobrir estratégias e instrumentos que auxiliem aquele cliente em particular;
- respeitar as dificuldades do cliente sem ser conivente com seus álibis;
- estabelecer um padrão de relação terapêutica que seja desencadeador de novas aprendizagens relacionais, e não uma repetição dos padrões disfuncionais do cliente

Etapas do Trabalho Clínico

O trabalho terapêutico contém:

- três etapas básicas da sessão – abertura, desenvolvimento e fechamento;
- uma etapa de pós-sessão;
- uma etapa de intervalo entre sessões;
- uma etapa de pré-sessão.

A **abertura** é o momento da sessão no qual terapeuta e cliente retomam as questões que ficaram da sessão anterior, levantam as tarefas realizadas, levantam as questões pertinentes ao momento e ao contexto da sessão e redefinem o trabalho da sessão.

O **desenvolvimento** é a parte maior da sessão, na qual os assuntos são trabalhados. O cliente faz seus relatos, levanta suas questões, e o terapeuta vai acompanhá-lo, fazer marcações, levantar hipóteses e possibilidades. É o momento em que as técnicas são aplicadas, as questões emocionais vêm à tona, e a relação terapêutica vai se estruturando como elemento de terapia.

O **fechamento** é a etapa final da sessão, que engloba uma síntese do que aconteceu, a definição de tarefas ou técnicas para serem realizadas antes do próximo encontro e as definições da próxima sessão.

O **pós-sessão** é o tempo imediatamente após o encontro terapêutico, no qual os reflexos e as reflexões da sessão ainda estão muito vívidos. Essa é a fase para técnicas que reforçam o que foi visto na sessão. Para o cliente, significa ficar atento aos sentimentos, às pequenas mudanças e às ressonâncias que ocorrem ainda na ligação com o que foi trabalhado na sessão. Para o terapeuta, é o momento da auto-supervisão, no qual ele vai rever o que aconteceu na sessão, como se sentiu, que efeitos surgiram, como percebeu o envolvimento do cliente. Vai também levantar hipóteses sobre quais outras coisas poderia ter feito, quais outros efeitos poderia ter desencadeado. Se algo ficou insatisfatório, como poderia corrigir, como poderia melhorar os efeitos das interferências ou propostas. Por fim, fazer uma hipótese de propostas e atividades para a próxima sessão.

O **intervalo entre sessões** é o tempo em que o cliente fica sem o contato direto com o terapeuta e integra o material da sessão ao seu dia a dia, à sua vida de relações e compromissos. É o tempo para realizar as tarefas, treinar as aprendizagens e os novos comportamentos, ficar atento às dificuldades, recaídas e desistências. Uma das possibilidades atualmente usadas é o uso de contatos por e-mail para manter contatos que sejam pertinentes. Podem ser relatórios de tarefas, pedidos de esclarecimentos ou qualquer outro assunto que seja coerente com o que se está trabalhando e com as aprendizagens que estão se desenvolvendo.

A **pré-sessão** é a fase que antecede a volta, o contato com o terapeuta, na qual o cliente organiza sua vivência externa para programar o que levará para sua sessão de terapia. As tarefas para essa fase são aquelas que preparam para o encadeamento dos assuntos e das questões e já são um aquecimento, e um início, da próxima sessão.

Indicações

Cada caso deve ser visto nas suas particularidades e receber orientações específicas. No entanto, para facilitar a decisão no encaminhamento do pedido, alguns parâmetros são seguidos.

a) Terapia de família:

- quando o pedido refere-se a crianças e/ou adolescentes;
- situações familiares que envolvem toda a família e, às vezes, extrapola a família nuclear;
- quadros mais graves – família rígida, pacientes psicóticos;
- quando o pedido refere-se ao casal, mas com necessidade da presença dos filhos como facilitadores.

b) Terapia de casal:

- quando a queixa é relacional;

- quando uma das partes do casal faz sintoma;
- na evolução de um trabalho de família.

c) Terapia individual:

- quando a necessidade é dar seguimento ao processo pessoal.

d) Sessões individuais:

- na necessidade de um espaço/tempo pessoal privilegiado (por crise, início de processo, aprofundar determinado aspecto).

e) Sessões de grupo:

- para reprocessar o grupo primário interiorizado e repetido nas relações;
- como laboratório de vida.

f) Maratonas de mobilização terapêutica:

- espaço intermediário entre a terapia individual e de grupo;
- tem a função de mobilização.

Desenvolvimento técnico

ENCAMINHADORES

O trabalho inicia-se na avaliação de quem fez o encaminhamento. Com o desenvolvimento da prática clínica, nesse enfoque, o terapeuta vai mapeando as suas fontes de encaminhamentos e os padrões repetitivos nos clientes que vêm de cada uma delas. Então, a partir de saber quem encaminhou o cliente, o terapeuta já pode levantar suas primeiras hipóteses. A pertinência do cliente para a terapia depende, em muito, do tipo de encaminhamento realizado e do trabalho prévio que o encaminhador realizou. Quanto mais o encaminhador souber sobre as propostas e os pressupostos relacionais sistêmicos, melhor ele vai poder explicar as possibilidades desse trabalho e a importância das escolhas e da responsabilidade do cliente no processo. Em muitas situações, é possível fazer um treinamento dos encaminhadores, clareando-se a proposta relacional sistêmica e, assim, somando-se esforços para que o cliente, ao vir para a terapia, já esteja trabalhando no seu padrão de funcionamento, sem fantasias mágicas ou depositações no terapeuta.

Pedido de terapia

O trabalho começa a delinear-se já no primeiro contato do cliente com o consultório. A secretária anotará o nome de quem ligou, o nome de quem encaminhou, perguntará para quem é a consulta e o melhor horário para que o terapeuta retorne a ligação. Com essa forma de lidar com o pedido, tem-se a intenção de passar para o cliente, já na postura, uma idéia clara de como se atua e a desenvolver, desde o início, um nível de pertinência que possibilite um trabalho focado na mudança dos padrões de comportamento do sistema que está procurando atendimento.

Os dados que a secretária passa (ou que estão na secretária eletrônica) sobre o pedido que o cliente faz (quem ligou, para quem é o pedido, o que é falado, como é falado, entre outros) vão dando pistas, possibilitando a formação de novas hipóteses ou reforçando as já existentes sobre o funcionamento daquele sistema que está fazendo contato. Para que as definições ocorram, é de grande importância que a secretária que recebe o pedido seja bem orientada. Esse treinamento consiste não só nas regras básicas de atendimento num consultório de Psicologia; acima de tudo, é necessário que ela seja treinada nas propostas básicas sistêmicas, compreenda e aceite a forma específica do trabalho. Isso é indispensável para que ela possa ter argumentação convincente para os questionamentos dos clientes. Por exemplo: "Por que não pode marcar o horário diretamente?"; "Por que não pode dar o preço da sessão?". Essas argumentações indicam para o cliente que o terapeuta vai conversar com ele pelo telefone, e só depois disso alguma decisão será tomada ou alguma sessão será marcada.

Também deve ficar claro que a definição de preço e formas de pagamento faz parte dos encaminhamentos terapêuticos e serão determinados na primeira sessão. Esses são dois aspectos que podem causar polêmica e precisam ser bem definidos para que se enxergue a coerência dessa postura com o desenvolvimento do trabalho terapêutico. A sessão não é marcada pela secretária pela importância do trabalho que o terapeuta irá desencadear já no primeiro telefonema. Além disso, ao não facilitar a vinda do cliente, está-se trabalhando, de forma paradoxal, o desenvolvimento da pertinência do cliente – seu desejo, seu envolvimento, suas escolhas e responsabilidades. O fato de não definir o valor da consulta ao telefone, nem pela secretária, nem pelo terapeuta, é coerente com os outros ângulos do trabalho. A definição de quanto pagar, quando pagar, como pagar, quem pagar não são meras definições financeiras, mas sim definições que envolvem todo o funcionamento do sistema terapêutico. Tais definições devem ser feitas dependendo do padrão de funcionamento do cliente e sempre deverão ser terapêuticas para ele – devem auxiliar nas aprendizagens necessárias, possibilitar novos comportamentos, responsabilidades e escolhas.

PRIMEIRO TELEFONEMA

Desta forma, o terapeuta irá fazer seu primeiro contato com o cliente: pelo telefone, já com vários dados e várias hipóteses. Esse primeiro telefonema vai checar algumas hipóteses sobre o padrão de funcionamento, colher dados necessários (o que está acontecendo, com quem, quem quer o atendimento, entre outros), redefinir o pedido e o enquadre, se for necessário. Por ser pelo telefone o primeiro contato entre o terapeuta e o cliente, é fundamental que o profissional já comece a explicitar qual é a sua abordagem e a ideologia subjacente ao problema que lhe está sendo apresentado. O fato de não usar o telefone somente para a marcação da primeira entrevista, de forma passiva e automática, faz o interlocutor entender que existem princípios diferentes nessa terapia.

O primeiro telefonema vai também definir o que deverá ser realizado (se haverá uma primeira sessão, quem deve comparecer, quando vai ocorrer e qual o seu objetivo). Ao mesmo tempo, é importante estabelecer um vínculo com quem telefona, de forma a facilitar a coerência das informações e o trabalho futuro. Isso significa que se vai redefinindo o que for necessário, para que o cliente compreenda e confie nas propostas apresentadas e para que comece já a desenvolver comportamentos importantes para o trabalho, ou seja, responsabilidade pelo processo e pertinência para a mudança.

O desenvolvimento da responsabilidade é fundamental, uma vez que é o primeiro passo para que o cliente amplie a consciência do seu funcionamento. Na pertinência, compreendida como disponibilidade e prontidão para a mudança, vai se definir o quê, como e com quem o terapeuta vai desenvolver o trabalho.

Algumas vezes, antes da primeira sessão, são realizados mais telefonemas, tantos quantos se façam necessários para que o terapeuta tenha uma idéia clara do que está acontecendo, quem está envolvido, quais são os objetivos. Na maioria dos casos, porém, num só telefonema já é possível ter uma decisão do que deverá ser feito e já se marca a primeira sessão pertinente ao encaminhamento.

O padrão de relação do sistema terapêutico começa a desenhar-se na forma do primeiro intercâmbio. É tarefa e responsabilidade do terapeuta estar atento a qual padrão está sendo delineado, se ele é terapêutico ou repetitivo do padrão de interação disfuncional*.

---

* Ver o capítulo A Relação Terapêutica, p. 108, e o item O Sistema Terapêutico, p. 53.

As perguntas do primeiro contato servem para avaliar o que está acontecendo e com quem está acontecendo, mas o foco, durante todo o tempo, é avaliar a pertinência do pedido e a pertinência do cliente. Nesse caso, pertinência significa coerência com a proposta de aprendizagem, mudança, responsabilidade, bem como o desejo e a possibilidade do cliente para isso.

Primeira Sessão

Na primeira sessão, o terapeuta já terá dados suficientes para levantar hipóteses sobre o funcionamento do cliente. Ele terapeuta terá um protocolo com passos ou etapas (**vincular**, **levantar a queixa**, **circular**, **redefinir**, **definir objetivos**, **contratar**) que servem como um mapa para encaminhamento do primeiro encontro terapêutico e que podem ser seguidos, ou não, dependendo das contingências específicas do momento, da situação, da problemática, da necessidade dos clientes e do terapeuta. Esse protocolo é um instrumento de auxilio para não se emaranhar nos conteúdos, e não uma cangalha para amarrar e conter o terapeuta.

- → Vincular significa fazer contato com o cliente, colocando-se perto o suficiente para sentir o que está ocorrendo com ele, mas com distância suficiente para dar ao cliente esperança de que pode haver mudança e reorganização.
- → Levantar a queixa é perguntar e questionar sobre o que está acontecendo, quais são os sintomas, quais são as dores e dificuldades ligadas a eles. É saber por quê eles vieram.
- → Circular é perguntar, perguntar, perguntar. Sobre as ligações, sobre os sintomas, sobre os tempos, sobre os sistemas familiares, sobre as gerações, sobre os envolvimentos. O que já foi tentado, quais terapias já foram realizadas. É circular entre sintomas, entre

sistemas, entre tempos e espaços, entre desejos, fantasias, explicações, motivações. Uma boa circulação deixa o terapeuta com elementos para fazer uma boa redefinição.

→ Redefinir é transformar uma queixa que não apresenta nenhuma saída em algo que possa, efetivamente, ser trabalhado terapeuticamente. É um jeito de mudar a conotação ou o envolvimento com o problema de forma que surjam novas saídas, novos ângulos e novos olhares. Se o pedido do cliente é pertinente (pressupõe sua responsabilidade e é focado na sua própria aprendizagem e nas mudanças que ele tem competência para fazer), não há necessidade de redefinir, pois já existe um trabalho delineado. A redefinição é um dos focos dos primeiros contatos (recebimento do pedido, primeiro telefonema e primeira sessão). Existem várias modalidades de redefinição, dependendo do conteúdo e da forma: redefinição da relação terapêutica, de postura, de contexto, de queixa, de conteúdo.

→ Definir objetivos é, conforme a proposta pertinente do cliente ou da redefinição dada pelo terapeuta, propor um acordo sobre com o quê vão trabalhar, em quais aprendizagens/mudanças vão focar.

→ Contratar é um acerto entre terapeuta e clientes sobre aspectos que são indispensáveis para a estruturação do trabalho. Explicitam-se os pontos que são indispensáveis para o conforto do terapeuta e a viabilidade do trabalho. Cada terapeuta, e em cada momento profissional, tem necessidade de acordar aspectos específicos. Também serão acordados os pontos que ajudarão o cliente a não repetir seu padrão relacional disfuncional e que facilitarão as aprendizagens necessárias. Um elemento essencial para a formação de um sistema terapêutico é o acordo sobre um contrato terapêutico e a definição de um objetivo. O contrato terapêutico representa, também, a implicação de cada um para que sejam atingidas as mudanças desejadas. Quanto mais claro, circunstanciado e concreto for o contrato, mais eficaz e conseqüente será a terapia.

O processo terapêutico estrutura-se a partir da definição de objetivos terapêuticos. Essa definição deve servir como um fio condutor que auxilia o terapeuta a manter a coerência do processo, a ser um aliado do terapeuta, e não um mecanismo que maniete o terapeuta. Quando o cliente chega, tem seus próprios objetivos, os quais podem ser coerentes (pertinente, viável, mensurável, terapêutico), confusos (desejo de mudança para outra pessoa que não está presente na sessão ou é "etéreo", é "gasoso"), inviáveis (deseja coisas que não são possíveis de serem alcançadas). No caso dos objetivos coerentes, o terapeuta vai juntar suas forças às do cliente para definir uma ação terapêutica. Nos outros casos, o terapeuta deverá redefinir os objetivos (para que o cliente compreenda, mude e transforme o seu primeiro objetivo em algo trabalhável) ou trabalhar com o cliente durante um tempo com o foco no desenvolvimento de pertinência para a mudança (o objetivo dessa etapa é definir um objetivo trabalhável).

A partir da discussão ou redefinição dos objetivos, estrutura-se uma programação do processo terapêutico, em função do que cada cliente necessita para atingir tais objetivos acordados ou redefinidos.

Essa programação não é uma tentativa de encaixar o cliente e nem um engessamento do terapeuta, mas um auxílio para que cliente e terapeuta saibam para onde estão caminhando e para quê. A programação só tem funcionalidade se for acompanhada de avaliações constantes, com a possibilidade de redefinição dos objetivos, do caminho ou da proposta terapêutica.

Além da redefinição da queixa e dos objetivos, é de grande importância redefinir a postura terapêutica e a relação terapêutica. Uma pergunta ou um comentário que crie algum impacto no início da sessão possibilita uma redefinição de postura, que será um facilitador para redefinir todo o pedido e o trabalho. A redefinição é importante quando se considera a intervenção terapêutica numa perspectiva sistêmica, em que o objetivo consiste em restituir ao cliente o controle dos seus problemas. Por isso, a primeira tarefa do terapeuta é alterar os desejos estereotipados que o cliente traz para a terapia, redefinindo a relação terapêutica, de modo que a família, ou o indivíduo, torne-se responsável pela solução dos seus problemas de interação, na medida em que esses tornam-se claros com a ajuda do terapeuta.

As colocações feitas pelo terapeuta, na primeira sessão, servem para definir o padrão de interação terapêutico que vai se seguir, mas também tem a função de já serem terapêuticas, no sentido de mostrar novos caminhos, novas formas de ver a realidade e de relacionar-se. Esse primeiro contato não deve girar em torno de revelações estéreis de uma entrevista de avaliação, mas deve definir como terapeuta e cliente vão se relacionar.

Os dados concretos do trabalho (horário, intervalo, custos, forma de pagamento, quem paga, tarefas) serão definidos sempre tendo em conta o que será mais útil para ajudar o cliente a realizar as aprendizagens que necessita ter naquele momento. Portanto, essas definições são elaboradas e adaptadas a cada caso em particular.

Quando se avalia com o cliente seus comportamentos e sintomas, independente de serem disfuncionais ou não, a discussão encaminha-se no sentido de avaliar se o cliente percebe seu padrão de funcionamento, se enxerga o que está precisando aprender e o que está precisando mudar. Essa avaliação vai definir os objetivos gerais do trabalho a ser desenvolvido, que dependerão do nível de consciência do seu próprio funcionamento, das aprendizagens necessárias, da autonomia e da seriedade dos sintomas.

Instrumentos

Instrumentação do Tempo

Um dos papéis da terapia é o de instigar processos de transformação. A instrumentação do tempo ajuda na medida em que se pode usar todas as possibilidades temporais para desencadear situações, promover mudanças, acompanhar processos, de acordo com dificuldades e questões específicas de cada cliente.

O tempo pode ser usado de várias formas na situação terapêutica. Entre elas, estão:

- instrumentando-se os minutos que o cliente passa na sessão como um tempo especial, de novas aprendizagens, de novos relatos e novos treinos; como uma saída da rotina e dos comportamentos compulsivos, possibilitando uma desaceleração do tempo real, mas com bom uso de todos os minutos ali passados;
- usando-se os intervalos como um tempo ótimo para "digerir" a bagagem da sessão e fazer os movimentos que deveriam ser feitos. Digerir o que foi feito na sessão porque a sessão passou a ser densa, intensa, rápida. O terapeuta mexe muito, levanta muita coisa. Então, o cliente precisa mais de uma semana para digerir. Se acontecem sessões muito próximas e intensas, o cliente pode adoecer, pois fi ca sobrecarregado, pode acontecer que ele esqueça e falte à sessão ou podem acontecer coisas que o levam a não vir à sessão antes de estar pronto;
- organizando-se tarefas no tempo como um instrumento terapêutico, escolhendo-se a duração e estruturação das tarefas de forma que sejam especificas para o padrão de

funcionamento e para as aprendizagens que cada cliente está desenvolvendo;
- como rituais com uso específico do tempo*;
- usando-se a delimitação do tempo para os seguimentos pós-terapia, adequando-os ao momento e às aprendizagens dos clientes.

A consulta é um tempo privilegiado do cliente e do terapeuta. A infinitude desacelera o tempo, e a finitude acelera e desencadeia altos e baixos. Em função disso, o terapeuta irá escolher se as sessões terão datas e intervalos pré-definidos, se haverá uma delimitação de número de sessões ou prazo para encerrar a terapia, se em cada sessão será definido o intervalo e a data do próximo encontro, se o cliente marcará sua próxima vinda, se só voltará ao terminar a tarefa. Essas definições obedecerão sempre à utilidade que elas terão para que o cliente perceba seu funcionamento, desenvolva as aprendizagens ou prepare-se para as mudanças, e sempre passarão pelo crivo do seu padrão de funcionamento.

A regularidade priva o vínculo terapêutico de altos e baixos, que são úteis para a perspectiva vincular e a operação modificadora. Abrir a perspectiva temporal ao serviço das metas de modificações propostas possibilita um manejo livre e criativo do tempo compartido.

A descontinuidade produz um corte nas seqüências defensivas; desorganiza e abre a possibilidade de novas aprendizagens.

A inclusão de técnicas de mobilização, exercícios de sensibilidade com participação ativa do corpo, dramatizações e jogos que propõem ritmos distintos do intercâmbio verbal determinam, na subjetividade dos participantes, outro tempo e outro espaço.

Outra forma de definir o intervalo da sessão é o impacto da

---

* Ver item Uso de Rituais na Prática Clínica, p. 48.

sessão anterior (se desorganizante, se continente, se mobilizador, se organizador), relacionado ao tipo da tarefa (se precisa de tempo ou não, se tem data para ser realizada ou está na escolha do cliente) e ao movimento do cliente (como funciona nas questões de tempo).

As sessões semanais são indicadas para clientes em crise, clientes em risco ou com algum outro objetivo muito claro.

Tarefas

A sessão é mobilizadora, mas quem vai ter de trabalhar é o cliente. Então, com a tarefa, o foco da terapia passa não para a sessão ou para a atuação do terapeuta, mas para o trabalho que o cliente vai fazer. As tarefas têm a função de passar o processo para a mão do cliente e de esticar a sessão terapêutica lá para fora, para a vida.

Sugerir uma atividade ou tarefa é diferente de prescrevê-la. A prescrição de uma tarefa pressupõe um objetivo claro e uma razão dentro do que está sendo trabalhado naquele momento. A tarefa será checada, e o cliente terá a responsabilidade de realizá-la ou lidar com a situação de sua falta. Sugerir algo é útil em algumas situações, mas não tem peso de seguimento de sessão. É algo que entra na vida do cliente da mesma forma que dicas, orientações ou sugestões ocorrem em outros espaços da sua vida. Ao sugerir uma atividade, não se define obrigatoriedade nem muita importância à execução, mas sim à compreensão da importância do ato. Mais importante do que fazê-la é saber que ela existe e é coerente. A decisão e a responsabilidade de executá-la dependem da escolha do cliente e das circunstâncias que facilitarão ou não.

Técnicas

Tendo em vista as características do trabalho clínico, o uso de técnicas torna-se muito importante. Importante no sentido de serem as técnicas instrumentos úteis para se atingirem os focos e objetivos do processo, mas também no sentido de serem úteis se usadas com parcimônia, lucidez e clareza de intenção.

A técnica utilizada como um instrumento mecânico não se presta senão para a manipulação da situação; porém, quando utilizada como uma real necessidade do momento de um indivíduo ou de um grupo, pode se transformar numa obra de arte. Para que ela seja realmente um instrumento terapêutico, algumas reflexões são necessárias.

As técnicas psicoterapêuticas só devem ser usadas quando o processo não está acontecendo; quando, por alguma razão, há necessidade de desencadear movimentos novos. Se o processo terapêutico está se desenvolvendo satisfatoriamente, não há necessidade de lançar mão de novos instrumentos. Técnica é útil como facilitador, mas nunca deve ser usada como o ponto central de um processo ou de uma sessão terapêutica. Um processo que está circulando não precisa de facilitador; nesse caso, não é necessário o uso de técnicas.

As técnicas podem oportunizar o exercício e o desenvolvimento de algum item que o cliente está precisando aprender, além de serem utilizadas para treinar novos comportamentos, tais como: aprender a lidar com o lúdico, aprender a lidar com regras, aprender a lidar com agressividade, promover troca de afeto, dar colo etc.

As técnicas também são um bom auxílio para "limpar" algo (raiva, medo, ciúme, inveja, dor), para que a pessoa possa fazer contato com o que está por trás do sentimento e, então, o processo tenha andamento.

Servem, ainda, para trabalhar em diferentes níveis: **real** (coisas concretas: listar, fazer), **simbólico** (representa o real: desenho, figura, jogo, escultura) ou **fantasia** (imaginação, desejo, vontade – projeto de vida).

Na Terapia de Casal, além dessas questões gerais, as técnicas têm a função de auxiliar o terapeuta a manter a postura adequada para esse tipo de atendimento. Ou seja, ajudá-lo a não polarizar, não tomar partido, não fugir dos princípios sistêmicos básicos e não ficar preso no jogo inconsciente do casal.

Na Terapia de Família é muito útil nos atendimentos com crianças pequenas, em famílias com idades muito variadas, com muitos elementos presentes na sessão, quando o tom emocional é muito intenso e os participantes têm dificuldade em usar comunicação verbal e direta.

A técnica deve estar sempre alinhada com o objetivo a ser trabalhado naquele momento do processo; portanto, mais importante do que conhecer o objetivo parcial da técnica é saber em que direção se está caminhando e o que se pretende atingir com o cliente. Se o terapeuta souber o que está fazendo com o seu cliente, terá clareza ao definir o objetivo da técnica específica que irá usar. Dessa forma, poderá adaptar técnicas e criar outras de forma coerente.

Uso de rituais na prática clínica

Entre as várias estratégias e técnicas terapêuticas, uma das mais eficazes é o uso de rituais.

Ritual é um processo destinado a reelaborar as interações rotineiras num tempo e espaço especiais, que estão fora dos limites usuais da interação cotidiana. São atos simbólicos que incluem as cerimônias, e também o processo de preparação, e são unidas por uma metáfora orientadora. É a possibilidade de expressão em termos metafóricos dos paradoxos da existência humana.

Um ritual, como qualquer outra técnica ou estratégia terapêutica, deve ser usado somente quando o processo terapêutico não está se desenvolvendo satisfatoriamente.

Usa-se um ritual, e não outra técnica qualquer, quando o objetivo que se quer atingir está coerente com as funções básicas dos rituais.

O ritual tem várias funções: ser um sistema de intercomunicação entre níveis, sistemas e/ou dimensões; manter dois aspectos de uma mesma contradição, ou seja, manejar os paradoxos fundamentais (vida/morte, ideal/real, bem/mal etc.); ser um meio de apoio e contenção nas emoções fortes; realizar a integração entre indivíduos, famílias e comunidade ou entre passado, presente e futuro; manter a dualidade, conectando estrutura e significado; possibilitar a expressão e experimentação de coisas que não se pode pôr em palavras, ao vincular o analógico ao digital.

O uso de rituais terapêuticos estrutura-se em três etapas:

- separação ou preparação: é tão importante quanto o ritual em si, engloba todas as pesquisas, preparações, conhecimentos e atitudes necessárias e relacionadas com o ritual;
- participação ou concretização: é o ritual em si, no qual se vivem novas situações, novos papéis, experimentam-se situações;
- reintegração: é a volta à situação rotineira, mas com as diferenças que o ritual possibilitou.

Entre os vários tipos de rituais terapêuticos, os mais usados são os:

- de pertenência: usados para facilitar a ampliação ou redução dos membros da família, para redefinir o significado das pertenências, para facilitar entradas e saídas, para definir fronteiras, para famílias com novos casamentos etc.;
- de cura: usados para assinalar a perda de um membro, para facilitar a expressão da dor e apontar novas direções na vida, para lidar com perdas de situações, funções ou papéis, para "limpar" situações mal resolvidas, para retomadas e reconciliações;
- de definição e redefinição de identidade: usados como

ritos de passagem, para integrar crises e fases da vida, para desbloquear rótulos cristalizados;

- de expressão e negociação de crenças: usados para lidar com conflitos inter ou intrapessoal entre crenças;
- de celebração: usados para celebrar as transições dos ciclos de vida, sempre que se precisa de celebração, homenagem, demarcação de um tempo especial.

A diferença entre rituais e tarefas é que os **rituais** trabalham com múltiplos níveis, têm partes abertas e fechadas, apóiam-se em símbolos e ações simbólicas, e a sua preparação é parte essencial. Já as **tarefas** concentram-se mais no nível das ações, dão mais importância às prescrições com um resultado previsível, apóiam-se mais no concreto, a sua força está em fazer a tarefa, e não na preparação.

Na elaboração dos rituais, usam-se símbolos e ações simbólicas, os quais constituem a base do processo ritual. Os símbolos devem incluir objetos e/ou palavras que representam a possibilidade de modificar crenças, relações ou o significado dos acontecimentos. É importante que esses símbolos tenham conexão com o cliente, sejam parte do processo, da história ou do simbolismo dele. A seleção desses símbolos será feita a partir da linguagem explícita do cliente, da escolha do terapeuta, baseada nos motivos, problemas e objetivos, e da escolha do cliente, respeitando-se aspectos abertos e fechados, tempo e espaço, bem como atitudes, atividades e ações. Aspectos abertos são itens do ritual que o cliente pode escolher de acordo com sua criatividade, espontaneidade e improvisação; aspectos fechados são aqueles que o cliente deve executar sem variações. Um ritual deve incluir os dois aspectos, e a decisão sobre eles vai se basear no estilo do cliente (rígido, espontâneo etc.), no objetivo do ritual, na escolha do cliente, entre outros. O tempo refere-se ao momento no qual se realizará o ritual, sua duração, sua freqüência; a determinação do tempo de desenvolvimento do ritual como um "tempo especial" possibilitará a sua vivência como um tempo ritual, diferente do tempo da vida cotidiana, e também a compreensão de que o ritual é algo temporário, e não uma atividade para ser desenvolvida por toda a vida. O espaço refere-se ao lugar em que vai se realizar o ritual e deve ser coerente com o objetivo do ritual. Atitudes, atividades e ações específicas são, dependendo do objetivo do ritual, por exemplo: dar e receber, entregar objetos, compartilhar ou não o ritual, queimar, fazer relatórios etc.

Na terapia com famílias e casais, os rituais ajudam a manter ou a mudar os paradigmas das relações. Ao mesmo tempo em que os rituais mantêm a continuidade dos vínculos, eles abrem a possibilidade de ocorrerem mudanças nos tempos e nas ações simbólicas ou concretas. Assim, cria-se um espaço virtual que auxilia novas experiências. Mesmo sendo um espaço simbólico ou fantástico, faz o registro, no inconsciente, no corpo e na memória, de um comportamento, uma ação ou uma fala que é diferente e que pode fazer diferença num novo padrão de funcionamento.

Trabalho em situação de crise

Algumas vezes, o cliente que pede terapia está vivendo um momento de crise. Nessa situação, a avaliação não é feita com base em sua pertinência ou não, em sua responsabilidade ou não, assim como em outros itens relacionados. Num momento de crise, o cliente necessita de contenção e de um trabalho específico para reorganizar-se.

É importante salientar que estar em momento de crise não significa que está sob intenso sofrimento, mas sim que está em sofrimento por perdas acontecidas. Essa diferenciação é necessária, tendo em vista que muitas situações trazem imensa dor, mas o que o cliente necessita é reposicionar-se, responsabilizar-se, ter aprendizagens e mudanças. No caso desse sofrimento ser desencadeado por uma perda, antes de qualquer outra redefinição, é necessário lidar com a perda em si; assim, depois, ele pode se fortalecer para fazer um processo terapêutico (se for sua vontade) ou voltar para sua vida de forma mais organizada.

Não importa o tipo de perda que o cliente está vivendo (de filhos, de trabalho, de partes do corpo, de situação financeira, de parceiros ou de qualquer outra ordem), só após liberar-se do sofrimento paralisador, poderá tomar atitudes ou decisões.

Na Terapia Relacional Sistêmica, trabalha-se a crise em quatro etapas.

→ Chorar a dor: é a primeira fase para lidar com a perda. Pressupõe o choro real, bem como todas as outras formas de "chorar" a dor do momento (falar sobre o acontecido, reclamar, blasfemar) e também receber colo, compreensão e aconchego, ficar atento aos sonhos, desejos e fantasias. Só após haver chorado a dor da perda, pode-se entrar em contato com emoções, sentimentos e desejos.

→ Expressar a raiva: por serem situações de muita impotência, as perdas trazem muitos sentimentos ligados à raiva (incompreensão, não aceitação, solidão, incompetência, responsabilidades) que precisam ser expressos antes de seguir adiante. Por ser a raiva uma das emoções primárias, ela precisa ser literalmente expressa (através de exercícios e movimentos que trazem a raiva para o corpo, e ela pode ser liberada de forma catártica), além de ser expressa verbal e simbolicamente. Só após ter expressado e liberado a raiva, a pessoa pode entrar em contato com a culpa, sem riscos.

→ Limpar a culpa: em todas as situações de perdas, os envolvidos vivem sentimentos e sensações de culpa. Mesmo que, racionalmente e conscientemente, o cliente não relate nem demonstre sua vivência de culpa pela situação de perda, é necessário que o terapeuta saiba que, em algum lugar do inconsciente ou do irracional, existe esse sentimento e abra possibilidades de o cliente limpar a culpa, mesmo que não traga à consciência sua existência. A melhor forma de liberar os sentimentos e sensações de culpa é quando se usam rituais terapêuticos*, tendo em vista que esses sentimentos, na maioria das vezes, são irracionais e incompreensíveis.

→ Refazer projetos: após chorar a dor, expressar a raiva e limpar a culpa, o cliente estará apto a voltar sua atenção para sua vida. Nesse momento, inicia-se o trabalho de definir novos projetos de vida, com as novas situações e a identidade que a perda proporcionou. Muitas vezes, o cliente não quer acompanhamento terapêutico, e o terapeuta deixa de envolver-se nessa fase. Em outros casos, o cliente necessita ou quer a ajuda do terapeuta; então, o processo terapêutico passará a funcionar nos moldes de um trabalho relacional sistêmico focado nas aprendizagens e mudanças.

A qualidade do trabalho em cada uma das etapas direciona e prepara a próxima. O tempo de trabalho em cada etapa depende da intensidade das emoções e do funcionamento do cliente. O terapeuta deverá dar o tempo necessário, mas deve ficar atento para não ser conivente com a procrastinação do cliente.

O sistema terapêutico

O aspecto relacional (o terapeuta ser uma possibilidade de relação terapêutica para seu cliente) dá uma conotação muito importante ao padrão de relação e ao funcionamento do sistema terapêutico. Quando o cliente chega, forma-se um

---

* Ver item Uso de Rituais na Prática Clínica, p. 48.

sistema, chamado de sistema terapêutico. Nesse momento, define-se uma série de funcionamentos desse sistema, e é responsabilidade do terapeuta direcionar e definir alguns desses funcionamentos, sempre focando no que seja útil para o cliente experienciar, bem como no que ele necessita aprender relacionalmente. Também com esse objetivo, o terapeuta irá conter ou atuar aspectos do seu próprio funcionamento. Portanto, quanto mais o terapeuta tiver consciência do seu próprio padrão de funcionamento, mais hábil estará para assim atuar*.

* Ver item Relação Terapêutica, p. 108.

Terapia Individual Relacional Sistêmica

5

Posicionamento e enquadre terapêutico

Em sua origem, o referencial da Terapia Sistêmica era direcionado exclusivamente ao atendimento de famílias. Com o desenvolvimento teórico, técnico e clínico, a abordagem sistêmica foi se reestruturando para também compreender e atender clinicamente o sistema individual.

A Terapia Relacional Sistêmica Individual segue todos os pressupostos teóricos/técnicos/clínicos da Terapia Relacional Sistêmica, enfocando o indivíduo como um sistema em relação. No acompanhamento do cliente, o foco está em auxiliá-lo a enxergar e ter consciência do seu funcionamento, a realizar as aprendizagens e a fazer as mudanças necessárias.

A Terapia

O foco da Terapia Sistêmica Individual é o processo de autonomia, que engloba o pertencer/separar-se, o desenvolvimento da consciência, das escolhas e da responsabilidade; a mudança das pautas disfuncionais, adquirindo-se um número maior e mais rico de estratégias de funcionamento.

Com relação às aprendizagens necessárias, é importante diferenciar as aprendizagens que deveriam ter sido feitas no processo de vida daquelas que se tornam necessárias pelas contingências e situações atuais do indivíduo. As aprendizagens do processo de vida são aquelas que devem acontecer no espaço familiar, são as ditas "aprendizagens sistêmicas"; estas, se não forem realizadas na fase e no contexto esperado, podem causar inúmeras dificuldades nas relações e situações da vida adulta. São elas: pertencer e separar, lidar com limites, lidar com a solidão, com a rejeição, lidar com a culpa, com as escolhas, com a responsabilidade; aprender a integrar a responsabilidade e a realidade com o amor, o prazer, a criatividade, a imaginação, o divertimento, a aventura e o romance.[54]

A base de fundamentação desse enfoque são a compreensão e a leitura sistêmica, que definem o indivíduo como um sistema (dependendo da ótica, também um subsistema) e, portanto, pode ser estudado e visto terapeuticamente com todo o referencial técnico e clínico das Terapias Sistêmicas.

Relação Terapêutica

O foco na importância da relação terapêutica dá-se pela questão relacional desse enfoque. Acredita-se que a relação que o terapeuta desenvolve com seu cliente deve ser um instrumento terapêutico, no sentido de poder desencadear experiências transformadoras. Ao posicionar-se e relacionar-se de determinada forma, o terapeuta estará atento à utilidade para o processo terapêutico do seu cliente.

Áreas de Funcionamento

No processo de vida, o indivíduo necessita tomar consciência do seu funcionamento e de suas dificuldades (ou problemas), a fim de poder desenvolver um programa de mudanças e, assim, ter como treinar novos comportamentos/ atitudes/sentimentos.

O ser humano tem três áreas de funcionamento: área mente, área corpo e área ambiente.

---

54 LOWEN, A. *Bioenergética*. p. 51.

→ Área mente: é responsável pela produção racional, lógica; engloba o que a pessoa pensa, fantasia, imagina.
→ Área corpo: engloba todas as questões ligadas às sensações, emoções e à energia do indivíduo.
→ Área ambiente: está ligada às ações da pessoa, ao seu movimento e às suas relações no espaço externo a si.

As pessoas, de acordo com seus padrões, têm maior ou menor facilidade de atuação, consciência e integração nessas áreas. Ao enxergar como funciona o cliente, ou seja, quais são as áreas fortes, as fracas, qual é o nível de integração ou de invasão entre as áreas, o terapeuta terá maior embasamento para escolher técnicas e encaminhamentos.

Responsabilidade e Possibilidades

Uma crença que permeia o trabalho individual relacional sistêmico é a de que, independente da qualidade da relação que tiveram com os pais, todos os filhos podem fazer bom uso do bom e do ruim que receberam ou sofreram. Seja o que for que a pessoa tenha vivido ou sofrido, é possível fazer um bom uso de sua experiência: treinar, aprender, compreender, reformular, transformar, transmutar.

O ponto nodal dessa forma de trabalhar é levar o cliente a responsabilizar-se pela vida que quer e escolhe construir. Viver as dores, expressá-las, perdoar, compreender fazem parte da tarefa de lidar com o que recebeu. A partir disso, inicia-se o programa de tomada de consciência das formas que cada indivíduo usa no seu funcionamento, bem como das aprendizagens, tarefas e mudanças que serão necessárias para definir o futuro que cada um escolher para si.

Uma das justificativas para essa postura é a teorização sobre a "vingança do bom filho". É um padrão de funcionamento que se apresenta na vida adulta da maioria das pessoas: são adultos que "não dão certo" na sua vida ou em algum departamento dela que é importante para seus pais. Apesar de ser comum, esse funcionamento permanece completamente inconsciente na maioria das vezes.

São pessoas que são bons filhos, adequados, amorosos, respeitosos; fazem tudo de forma a não dar brecha para os pais queixarem-se deles ou punirem-nos; no entanto, fracassam em alguma área da sua vida, correspondentes a aspectos muito importantes para seus pais ou para um deles. Isso acontece com filhos de "boas famílias". Famílias com pais "normalmente bons", que se doaram aos filhos, que procuraram o melhor para seus filhos, que lhes passaram boa moral e bons costumes. Fica claro que a pior dor de um pai ou de uma mãe é um filho que "não dá certo"; um filho que não realiza seu potencial na área que é a mais importante para eles.

Então, "não dar certo" seria a grande vingança que cada um dos clientes poderia fazer com seus pais e continuar protegido por bons e reais álibis. Não fazer o que é mais importante para o pai ou para a mãe, e ainda continuar protegido, acaba deixando a pessoa enredada nas suas dificuldades.

Compreender esse mecanismo, chamado "a vingança do bom filho", ajuda os filhos a escolherem novos caminhos, responsabilizando-se pelo que vão fazer com o que receberam dos seus pais, sem precisar fracassar como uma forma de vingança surda e compulsiva.[55]

A base do trabalho é não permitir que o cliente faça "mau uso" dos traumas e das dificuldades da vida de criança ou adolescente. Explica-se e mantém-se a postura de que: eles chegam à adolescência, e à vida adulta, com o ônus e o bônus de terem sido criados naquele sistema familiar específico, com aquele padrão específico.

Nesse momento, a pessoa tem, basicamente, dois caminhos

---

55 ROSSET, S. M. *Pais e filhos*: uma relação delicada. 3. ed. Curitiba: Sol, 2007. p. 143-152.

a escolher:

a) usa as dificuldades, os traumas, os sofrimentos vividos na infância como uma boa desculpa para suas dificuldades atuais e um bom álibi para explicar seus defeitos, suas impossibilidades;

b) usa as dificuldades vividas como um mapa, um sinalizador do que precisa aprender, precisa mudar; em quais departamentos da sua vida precisa prestar mais cuidado e atenção.

Aceitar a responsabilidade por seu processo possibilita mergulhar nas clarificações e mudanças dos próprios padrões de funcionamento. Tira os álibis; responsabiliza; muda a vida. Apesar de a criança ter sido carente de amor e apoio e, como adulto, ficar privada da sua habilidade de funcionar, ou seja, de amar, dar e receber, a pessoa precisa atingir um entendimento da sua disfunção. Para tanto, o amor pode ser útil, mas ela precisa entender que ninguém pode viver por ela, respirar ou buscar por ela. Ela precisa saber que ser completa significa estar plenamente da posse de si mesma. Precisa saber que, para isso, terá que desenvolver autoconsciência, auto-expressão e autodomínio.

Todas as limitações que um indivíduo assume que tem impedem-no de descobrir se esse é, de fato, um limite real. Elas protegem e defendem a pessoa de, realmente, checar sua competência.

Álibis Relacionais

Em todos os relacionamentos, as pessoas envolvidas têm alguns "álibis relacionais" que são explicações psicológicas que protegem e dão desculpas para as pessoas evitarem situações e não ousarem fazer diferente.

Cada pessoa, cada família ou casal tem seus álibis relacionais específicos, e é uma das tarefas da terapia descobri-los e trabalhar com os efeitos paralisantes que eles causam. Eles cristalizam as relações, pois quem os usa sente-se autorizado a manter o comportamento, já que tem "razões psicologicamente corretas" que o protegem, e quem está recebendo essa desculpa sente-se amarrado e coagido a aceitar o comportamento mesmo que, de fato, não o aceite e enxergue que atrapalha o crescimento e desenvolvimento da pessoa e do relacionamento.

No entanto, existem álibis que são comuns à maior parte das pessoas e são socialmente aceitos. São eles: "Não posso"; "Não consigo"; "Tenho medo"; "Vou tentar". São desculpas que impedem o cliente de, realmente, enfrentar as mudanças de um processo terapêutico e que tiram a possibilidade de responsabilização e de aprendizagem de novos comportamentos.

Se o terapeuta não trabalhar com esses álibis, desmascarando-os, rapidamente ficará neutralizado pelo funcionamento do cliente e perderá seu potencial de ajuda terapêutica.

Identidade

No processo de estruturação de identidade, o indivíduo passa por três fases.

- → Diferenciação: é a fase em que ele enxerga como as pessoas são; percebe os papéis, as funções, os jeitos que acontecem ao seu redor.
- → Individuação: após enxergar o que está fora, o indivíduo inicia o processo de verificar o que daquilo que existe fora ele também tem, ele também é.
- → Integração: no terceiro momento, ele integra o que ele é com o que viu fora e abre possibilidades de adquirir novos comportamentos, flexibilizar o que é, criar a partir do que introjetou e descobriu em si mesmo.

Dessa forma, o indivíduo vai definindo e integrando novas identidades a si mesmo, ligadas ao seu desenvolvimento como pessoa, como ser sexuado, como ser parental.

Ter sua identidade bem integrada nos vários níveis possibilita desenvolvimento de autonomia, que significa saber lidar de forma funcional com a incerteza, a solidão, a liberdade e a rejeição.

Ele poderá lidar com a incerteza do desconhecido de forma confiante e corajosa, sabendo que o que virá pode ser novo e diferente, mas que tem, internamente, condições para enfrentar a novidade com criatividade, originalidade e fazendo uso das aprendizagens anteriores.

Solidão

A solidão é uma das situações mais difíceis com que o ser humano pode lidar. Não porque seja pior do que as outras, mas porque, de um modo geral, as pessoas, os meios de comunicação e a cultura fazem movimentos para não entrar em contato com a solidão.

A sensação de solidão é inevitável, e muitas explicações teóricas e filosóficas existem para falar dela: a incompletude do homem, o desejo do Nirvana, o trauma do nascimento, entre outras.

Entretanto, as pessoas dividem-se em um grupo que não tem consciência dessa solidão e um grupo que a tem. Aquelas que não têm consciência podem fazer sintomas físicos, relacionais ou outros, mas não vão associar os sintomas com sua dificuldade de viver a solidão. No grupo dos que têm consciência da existência da sua solidão, alguns a negam, outros fogem dela, outros não se conformam com ela, e um pequeno subgrupo a aceita.

Aceitar a inevitabilidade da solidão é o primeiro passo para lidar com ela. Alguns aceitam e morrem disso; outros aceitam, sofrem e fazem sofrer por isso; outros culpam alguém; outros viram fanáticos religiosos ou de idéias; alguns se responsabilizam pela consciência que têm da solidão e, entre saídas e recaídas, usam-na como forma de aprender novas coisas nas relações e consigo próprios. Aceitar a solidão não é resignar-se; é aceitar a si próprio, nas suas condições e potências reais. É saber que individualidade e solidão são experiências de grande valor emocional. Para alguns, porém, elas aterrorizam porque são acompanhadas por sentimentos de exclusão, de abandono e de menos valia. Para aqueles que se fiam em seu mundo interno e de autonomia, fica mais fácil usar a solidão, ou os momentos de solidão, como alavancas no processo de desenvolvimento.

Se a pessoa é segura de si mesmo, poderá lidar com a liberdade como uma possibilidade de ser, de ir e vir, de fazer ou desfazer, tendo o foco nas suas necessidades, nas suas escolhas e na sua responsabilidade.

REJEIÇÃO

A questão da rejeição é outra questão relacional muito sobrecarregada nos dias de hoje. Se a pessoa está segura de quem ela é, vai lidar com as situações de rejeição como contingências de um relacionamento, como algo que faz parte das escolhas, dos movimentos das pessoas na vida e nas relações. Valorizar as experiências de rejeição determina uma postura infantil, de quem sabe o que é o certo e deseja que os outros funcionem a partir do seu desejo.

A maior facilidade ou dificuldade em lidar com situações nas quais se é rejeitado ou em atuar sua rejeição depende dos valores familiares aprendidos e da forma como se experienciou a fase de triangulação no seu processo de desenvolvimento. Se essa fase é bem experienciada e resolvida, a pessoa aprende a estar sem ansiedade e angústia nas várias posições triangulares: ser o terceiro excluído, estar na relação com um e excluir ao outro, estar na relação a três.[56]

FUNÇÕES DE VIDA

Na convivência familiar, toda pessoa deveria aprender as chamadas "funções de vida". São elas: **ser cuidado, cuidar de**

---

56 FONSECA FILHO, J. *Psicodrama*. p. 85.

e **cuidar de si**. São funções do processo de desenvolvimento e diferenciação psicológica; dessa aprendizagem, depende a possibilidade de a pessoa ter uma relação amorosa, cuidadosa em relação a si m esma e aos outros. Num primeiro momento, a criança tem a função de ser cuidada e, se tudo correr bem, além de receber cuidados, ela vai aprender a receber esses cuidados de forma cordata, amorosa e respeitosa. A partir disso, ela vai treinar para cuidar de. Começa com seus pertences, seus bichinhos, seus brinquedos e vai desenvolvendo essa atividade de cuidar de outras pessoas próximas. Aos poucos, vai ampliando e, no final do processo, vai aprender a cuidar-se, o que significa ser amorosa, respeitosa e ter paciência consigo mesma, fazer escolhas que a protejam, que lhe tragam bons momentos e sentimentos.

Um adulto que não desenvolveu essas três aprendizagens terá dificuldades nos relacionamentos; no processo terapêutico, porém, após tomar consciência, poderá iniciar a retomada desses cuidados.

Pertencer e Separar

Outra das aprendizagens básicas na vida de uma pessoa – uma das mais importantes e, geralmente, a mais difícil – é a de pertencer e separar-se. É um dos problemas que acompanham o homem durante sua existência. Pertencer e separar-se são as duas faces da mesma moeda, e as pessoas que aprendem uma delas serão, ao mesmo tempo, hábeis na outra. A família dá a seus membros o cunho da individualidade, mas essa experiência de identidade única depende de como foi vivenciado e aprendido, no seio da família, o sentido de pertencimento e o sentido de ser alguém separado. A família é, portanto, o laboratório em que tais ingredientes são misturados e administrados. É a matriz da identidade.

O primeiro sentido de pertencimento de uma criança é influenciado por seu sentido de pertencer a uma família específica.

Aparece mediante um processo circular, como uma acomodação de parte da criança aos grupos familiares, bem como das modificações e reações que o grupo familiar tem a partir da presença da criança. O relacionamento da criança com seus parentes traz formas específicas familiares de lidar com situações, de reagir aos eventos. Ao dizer "Nós, os fulanos de tal, reagimos assim ou somos assim", mostra-se à criança, e ela vai aprendendo o que é comum a várias pessoas, o que faz dela uma entre várias pessoas.

Se essa certeza de fazer parte instala-se, a criança adquire certeza de sobrevivência, de existência; assim, vai estar preparada para separar-se, para viver e estar sozinha. Quem registrou que faz parte, que pertence, aprende a separar-se, a lidar com a solidão, sem culpas. Este é um dos paradoxos humanos: para viver bem sozinho, é necessário ter certeza de que faz parte.

A Terapia

A programação de sessões e acompanhamento de processos tem a mesma fundamentação: a responsabilidade do processo é do cliente e o foco da terapia é a mudança.

A Terapia Relacional Sistêmica Individual tem pontos em comum com as terapias de ação, que compreendem a sessão como um espaço/tempo terapêutico, no qual ocorrem fatos e relacionamentos que possibilitam ao cliente viver situações reais, ter modelos, reviver situações via ação, perceber-se na interação, entre outros fatos terapêuticos.

As diferenças apresentam-se em função de que o foco do trabalho é na mudança e na aprendizagem de novas pautas de funcionamento; para isso, é necessário que o cliente tenha pertinência e responsabilize-se pelo processo.

Compulsões Relacionais

Entre as muitas tarefas de tornar-se adulto, o controle das

compulsões de funcionamento é talvez a mais difícil. As compulsões de funcionamento ou compulsões relacionais são as respostas automáticas que uma pessoa dá ao ser foco de uma ação relacional de alguém. São os comportamentos automáticos a determinadas situações relacionais e que, de forma geral, estão ligadas a situações traumáticas vividas ou a situações com as quais não aprendeu a lidar. São chamadas compulsões relacionais porque ocorrem nos relacionamentos, por serem automáticas e, muitas vezes, sem consciência. A partir do momento em que o indivíduo percebe esse automatismo de reação, independentemente do motivo pelo qual funciona assim, ele pode começar o processo de ficar consciente e dono das suas reações.

Esse processo de contenção é longo e pressupõe o envolvimento da pessoa; implica em ficar atento, perceber e conter seus impulsos relacionais, assim como ter paciência e autocompaixão pelas dificuldades e recaídas.

No desenvolvimento desse processo, passa-se pela fase de perceber que acabou de repetir a compulsão; depois, percebe-se fazendo; depois, percebe-se na eminência de fazer e faz; e só após muito exercício, percebe-se na eminência de fazer, mas pode se conter e escolher se fará ou não.

Sessões com a Família

Quando o cliente é cronologicamente adulto e a família é convidada a participar da terapia ou de uma sessão, é importante explicitar e contratar com o cliente que, com ou sem a ajuda da família, a tarefa continua sendo dele. Independente da história e dos dados, é sua tarefa decidir sobre qual história quer escrever daquele momento em diante: ser um mártir das situações difíceis que viveu na família ou ser protagonista de outra história, a qual pode escolher e trabalhar arduamente para desencadear. Esse é um cuidado para não deixar que o cliente use as dificuldades familiares como álibi e não se responsabilize e/ou deixe de fazer suas próprias escolhas. Se a pessoa tem dificuldades com os elementos de sua família, a tarefa de aprender, reformular e desenvolver habilidades é sua. O terapeuta não deve trazer a família para culpabilizar ou responsabilizar pelas aprendizagens que o indivíduo precisa fazer.[57]

Por essas razões, não é rotina incluir a família nos processos terapêuticos de indivíduos adultos. Essa estratégia só será indicada se, apesar de adultos, eles forem completamente dependentes e sem condições de responderem por seus atos ou estiverem em momentos de vida em que estão todos envolvidos em alguma situação familiar; então, deixaria de ser um processo individual e passaria a ser terapia da família toda.

Uma Pessoa Adulta

A etapa de vida adulta é a fase de treinar e desenvolver autonomia. Autonomia não é meramente ter independência, mas ter a certeza de que pode se organizar sozinho, que sabe das suas competências e impotências, que tem clareza da sua capacidade e potência real. Também é a certeza de que sabe pedir, depender, aceitar o outro, receber ajuda, carinho e tudo o que lhe enriquecer ou fizer falta.

A qualidade afetiva e emocional de uma pessoa adulta depende do quanto ela responsabiliza-se por sua história futura; ou seja, do quanto ela dedica-se a limpar, perdoar, compreender a carga que recebeu, do quanto ela encarrega-se de aprimorar-se e tornar-se um adulto enriquecido pelas experiências da infância, sejam as positivas, sejam as negativas. Um mesmo fato traumático pode amargurar toda a vida de uma pessoa ou pode servir de estímulo para ela reconstruir-se e construir novas e saudáveis relações.

É verdade que as experiências da infância determinam o

57 ROSSET, S. M. *Izabel Augusta*: a família como caminho. Curitiba: Livraria do Chain, 2001.

nível de auto-estima; porém, como adulto, a pessoa não pode continuar a culpar o passado por aquilo que sente no presente. Se fizer isso, continuará a "alimentar" os maus sentimentos a respeito de si mesmo.

Um adulto saudável trabalha para ter uma relação adulta e construtiva com os pais; não espera que os outros mudem para dar-lhe prazer, mas sabe que ele é que deve mudar, sem ter ilusões. Compreende que os pais não mudarão, não podem mudar; mesmo assim, estabelece relações amorosas com eles. Simultaneamente, aumenta a consideração e o respeito pelos pais. Sabe que, se ele próprio mudar, pode ser que todo o sistema mude. O primeiro movimento, porém, é seu.

Os filhos vivem muitos anos sob a influência das dificuldades que os pais apresentam, numa fase em que são totalmente moldáveis. Isso é verdade, mas não deve justificar atitudes contra os pais. A percepção da situação deve, sim, ser um ponto de partida para o autodesenvolvimento.

Cada um pode escolher, como adulto, assumir a responsabilidade de mudar o seu nível de auto-estima e de começar a curar os abusos do passado, de modo que possa se relacionar de maneira amorosa consigo mesmo, com seus parceiros e com seus filhos, além de criar uma vida familiar que seja diferente de suas próprias experiências da infância, de forma positiva.

Trabalho clínico

Ao receber um cliente individual, o terapeuta levará em consideração quem o encaminhou, para que foi feito o encaminhamento e as condições do pedido inicial – se foi a própria pessoa que fez o contato, se foi um familiar, se foi outro profissional.[*58]

A escolha de sessões, tempos, tarefas e outros encaminhamentos são definidos a cada um dos momentos do processo em

* Ver item Desenvolvimento Técnico, p. 36.
58 ROSSET, S. M. *Izabel*. p. 12-15.

função das aprendizagens/mudanças que o indivíduo necessita e que é pertinente realizar.

O trabalho clínico realiza-se focando a mudança e a aprendizagem de novos padrões de relação e, por essa razão, a cura do sintoma não é a prioridade, mas ele será compreendido no contexto mais amplo da pessoa, das relações e dos padrões de funcionamento.

As intervenções consideram e rearranjam as relações entre o indivíduo e os outros, bem como aquelas do indivíduo consigo mesmo, sendo a própria relação com o terapeuta modelo de mudança e possibilidade de tomada de consciência do seu funcionamento.

A terapia como um processo individual é indicada para adultos e adolescentes maiores. No caso dos adultos, todos os trabalhos serão desencadeados sabendo-se que ele tem potência e competência com sua vida. No caso dos adolescentes, a terapia é um espaço para aprendizagem e definição de que tipo de adulto ele quer ser; portanto, é muito parecida com a terapia de clientes adultos. A terapia individual não é indicada para crianças ou adolescentes menores, pois eles não têm potência para decisões ou definições sobre sua vida. A responsabilidade e a energia está na dependência dos pais. No caso da família não querer ou não poder participar do processo terapêutico, e for possível e necessário atender a criança individualmente, é importante lembrar que se está assumindo tarefas e funções que são dos pais e que, de fato, deveriam ser delegadas a eles.

Compreensão relacional sistêmica dos mitos familiares

Mitos familiares são situações definidoras das relações, do que se pode ou não ser e fazer. São definidores e organizadores comuns a cada grupo familiar e definem o espaço e o caminho que cada um dos participantes pode ter e desenvolver.

Os mitos familiares organizam-se através das gerações;

para enxergá-los, é necessário olhar pelo menos três gerações da família.

O conteúdo mítico, no âmbito do processo da família, aparece nos sentimentos, nas proibições, nas vergonhas, nos sintomas e nas dificuldades que eles trazem. Os desencadeantes míticos estão enraizados no inconsciente da família e dos seus membros e, comumente, estão relacionados às questões de sexo, dinheiro, morte e loucura.

O terapeuta sabe que as restrições que o cliente apresenta são míticas, mas vai explicitar ou não, dependendo do nível de consciência e de diferenciação que os envolvidos têm. Explicitando ou não, vai trabalhá-las, especialmente através dos rituais terapêuticos, dos trabalhos com aspectos inconscientes e irracionais.

Se um membro da família está paralisado por essas questões, o terapeuta pode fazer um trabalho individual focando esse emaranhado mítico, independente da família toda estar ou não lidando com isso. Essa estratégia é terapêutica na medida em que o trabalho mítico individual é uma das formas de flexibilizar e ajudar todos os membros da família.

Trabalho mítico não se faz num nível racional; é trabalho energético, irracional, com o inconsciente. Se o objetivo for entender o que acontece, corre-se o rico de cair em elucubrações, interpretações e racionalizações que, ao invés de ajudar a flexibilizar e criar novas estratégias, podem enrijecer e fortalecer as defesas.

É imprescindível que o terapeuta tenha passado pela experiência de clarear e acalmar seus mitos familiares para poder acompanhar seus clientes nesse processo. Sem essa vivência, o terapeuta correria o risco de apressar o processo do cliente sem dar o tempo necessário para a "digestão" do material levantado; de fazer interpretações psicológicas gerais de um processo que é muito mais ligado ao simbolismo vivencial de cada família envolvida; de encaminhar o cliente a fazer mudanças concretas, nas quais as mudanças míticas são muito mais sutis, no significado e na emoção.

Terapia de Família Relacional Sistêmica

6

Sobre famílias

Sistema Familiar

A noção de causa e efeito conduz a um pensamento linear e vertical, define carrascos e vítimas e conduz à perda da mobilidade e flexibilidade nas relações. Ao olhar a família como um sistema, um círculo, o terapeuta enxerga que cada um tem a sua participação e responsabilidade, que todos se influenciam reciprocamente, independente da idade que têm. Dessa forma, fornece às famílias e aos indivíduos a possibilidade de maior movimentação e possibilidade de reorganização.

Funcionar sistemicamente faz uma profunda diferença nas relações, principalmente nas relações entre pais e filhos. Se acreditarem que não existe certo e errado pré-definidos, vão treinar isso no dia a dia, não vão definir as regras a priori, mas redefinir caminhos a cada passo, estar disponível para refletir e rever suas verdades e decisões. Se souberem que não existem vítimas e bandidos, vão olhar as situações com novos olhos e, ao invés de crer que se sacaneiam, ou que estão se sacrificando, vão poder enxergar como estão construindo essa história em conjunto, depositando expectativas, mágoas ou raivas de forma contínua.

Se compreenderem que tudo é uma questão escolhida e o

que faz a diferença é o nível de consciência das escolhas, vão direcionar sua relação de forma a facilitar a tomada de consciência e de responsabilidades.

Ser Feliz

Um assunto que atinge a todos os pais, sobre o qual é importante que o terapeuta tenha sua posição clara, é o desejo de que os filhos sejam felizes. No entanto, não é possível conseguir o bem dos filhos antes de ter encontrado seu próprio caminho e seu próprio bem, pois o bem deles depende estreitamente disso. Não se ensina o que não se sabe. Não se mostra o que não se tem. Essa postura devolve aos pais o foco da sua própria vida, suas escolhas, seu processo, e tira o risco de ficarem congelados na lamentação e no desejo de que os outros façam os movimentos e as mudanças.

A Família como Cliente

Ao chamar a família e seus membros de clientes, devolve-se a eles a competência e a responsabilidade por escolhas, decisões e encaminhamentos. O terapeuta propõe-se a fazer seu melhor trabalho, e a família vai fazer sua parte. Além disso, passa-se a idéia de que eles não são doentes, mas pessoas que precisam de um serviço, de uma consultoria para retomarem seu próprio rumo. A denominação de "paciente identificado" é usada por alguns terapeutas sistêmicos; porém, na Terapia Relacional Sistêmica, ela é evitada por se entender que, ao usá-la, dificulta-se a compreensão de que o sintoma é **sempre** familiar, é uma dificuldade, um problema, uma questão **da família**. Ao identificar alguém como paciente, fica difícil e incongruente redefinir a questão como uma situação familiar.

Subsistemas Familiares

A família é composta por subgrupos com funções específicas,

que são os subsistemas. Cada subsistema tem suas funções, que devem ser desempenhadas para a continuidade e desenvolvimento da família.

O **subsistema conjugal** (o casal) tem como funções básicas: ser o refúgio para os estresses externos que os dois cônjuges sofrem no dia a dia; ser a matriz para contatos com outros sistemas sociais, criando a forma específica de esse casal relacionar-se com as famílias e com o social; possibilitar o desenvolvimento da intimidade e da sexualidade; favorecer aprendizagem, criatividade e crescimento, pois é a relação de maior intimidade que se tem, na qual aparecem o melhor e o pior de cada um dos dois, possibilitando maior aprimoramento. A tarefa desse subsistema é cumprir tais funções, preservando muito bem as fronteiras, de forma que nem os filhos, nem os parentes, nem os amigos interfiram.

O **subsistema parental** (quando os membros do casal tornam-se pais) tem as funções de nutrição, controle e orientação dos filhos, dando autonomia apropriada à idade, mas usando a autoridade necessária. Para isso, esse subsistema precisa se diferenciar do subsistema conjugal, a fim de desempenhar as tarefas de socialização de uma criança, sem perder o apoio mútuo; precisa permitir o acesso da criança a ambos os pais, excluindo-a das funções conjugais; precisa adquirir flexibilidade para adaptar-se aos novos fatores.

O **subsistema fraternal** (os irmãos, os filhos) tem como função primordial ser o primeiro laboratório social, em que as crianças exercitam o seu direito à privacidade, obtêm suas próprias áreas de interesse e são livres para tatear, na medida em que exploram.

Funções Básicas

No espaço familiar, além das funções dos subsistemas, existem funções básicas (que também existem em todos os sistemas humanos).

A **função materna** é a tarefa de vincular, de ser continente e alimentador; possibilita a relação afetiva, o cuidado, mantém o sistema; dá contato e realidade. Não é tarefa de mãe, é tarefa **materna**, que pode e deve ser desempenhada por alguém do sistema familiar, que pode ser a mãe, mas não é **da** mãe. Essa função acontece quando se pega no colo, dando aconchego nas horas de tristeza, de dor ou naquelas em que só se quer colo; quando se protege alguém; quando se cuida da roupa ou da alimentação de alguém.

A **função paterna** significa lei, organização, estrutura, palavra, autoridade; está ligada a crescimento; leva à aprendizagem e ensina regras e limites. Não é tarefa de pai, é tarefa **paterna**, que pode e deve ser desempenhada por alguém do sistema familiar, que pode ser o pai, mas não **do** pai. Essa função está sendo desempenhada quando se ensina alguém; quando se definem e mantêm-se os limites; quando se definem e cumprem as regras; quando se ensina alguém a consertar algo, a organizar alguma coisa, a fazer uma atividade.

A **função de aprendizagem** é ligada à aquisição de conhecimentos, informações, novidades; é relacionada a aprender, desenvolver-se, treinar. Essa função é desempenhada cada vez que alguém aceita um ensinamento; cada vez que alguém aceita a crítica e reformula a partir dela; cada vez que se aprende algo novo, que se reformula algo velho.

A **função de historiador** contém a tarefa de passar história, raízes, base, continuidade; de fazer a ligação entre passado, presente e futuro. Essa função está sendo desempenhada toda vez que alguém traz algo da história da família, da história dos antepassados, "causos" e fatos do passado.

Numa família funcional, saudável, essas funções vão circular entre as pessoas. A negociação explícita das funções permite que o sistema adapte-se às mudanças e deixe as relações desenvolverem-se. A mudança nas funções complementares, gerando crescimento e reorganização, continua no sistema familiar, através do seu ciclo de vida.

Numa família disfuncional, há uma rigidez na determinação de quem desempenha e como se desempenham essas funções. Não variam as pessoas; não variam as funções; não variam as tarefas das funções.

Ciclos de Vida Familiar

De diferentes maneiras, a família passa por ciclos nos quais busca manter um equilíbrio. Duas idéias são importantes com relação aos ciclos vitais. Uma delas é de que cada ciclo traz uma aprendizagem específica, algo que precisa ser conquistado ou algo que precisa ser deixado de lado. Essa compreensão leva-nos a ver a entrada e saída nas fases de desenvolvimento realmente como etapas de aprendizagens, como níveis a serem alcançados. A outra idéia é de que as famílias estão em constante transformação, pelas suas características e porque sempre teremos pessoas em fases diferentes; portanto, a família é o espaço especial para as aprendizagens necessárias em cada etapa.[59]

Ao pensar em ciclos vitais, é importante acoplar, ao que acontece na fase, a compreensão do que as pessoas envolvidas precisam aprender. Essa forma de olhar ajuda a, partindo do que é comum, adaptar a cada família e indivíduo de acordo com suas vivências e situações peculiares, ajudando-os na realização das aprendizagens e acomodações necessárias, de modo mais funcional.

Tecnicamente

Um dos cuidados importantes no trabalho com famílias é esclarecer quais são as regras a serem seguidas. Dependendo do caso, dependendo da situação e do momento, essas regras

59 ROSSET, S. M. *Pais e filhos*. p. 47-64.

existem ou não. No entanto, quando existem, é necessário explicitar quais são. Por exemplo, no primeiro telefonema, ao definir-se quem deve vir para a primeira sessão, deve-se dizer claramente, citando todos os nomes dos participantes e salientando que a sessão deve ser desmarcada se alguém não puder comparecer.

Trazer toda a família para a primeira sessão possibilita enxergar o padrão de funcionamento do sistema como um todo, clarear o que está acontecendo, como cada um dos elementos posiciona-se na situação, avaliar alianças e auxílios e, assim, poder ser flexível e continente nas próximas sessões.

No telefonema, ao definir quem virá para a primeira sessão, define-se que é um compromisso só para uma sessão. Não se faz compromisso de terapia por telefone. Definem-se participações, horários e outros elementos necessários só para o primeiro encontro. A partir dessa primeira sessão, as outras definições serão acordadas: se haverá terapia ou não, quem virá, que tipo de sessões acontecerão etc.

Quando um cliente individual, ou uma só pessoa, quer terapia de família, define-se que é um desejo dela e, portanto, contrata-se que, se é ela que está querendo, vai precisar fazer o trabalho de falar com as pessoas e ir trabalhando a pertinência da família. Define-se, também, que será só uma sessão de família, para ver o que está acontecendo, quem está interessado, quem está envolvido. Com isso, o cliente sabe que é ele que vai ter de envolver-se, e também baixa a persecutoriedade da família.

A partir dos dados do encaminhamento e do pedido inicial, será definido o melhor caminho a seguir. Será pertinente encaminhar para terapia de família: quando o pedido refere-se a crianças e/ou adolescentes; em situações familiares que envolvem toda a família e podem extrapolar a família nuclear; em quadros mais graves – família rígida, pacientes psicóticos; quando o pedido refere-se ao casal, mas com necessidade da presença dos filhos como facilitadores.

Um dos grandes desafios de um terapeuta de famílias com visão relacional sistêmica é conseguir mostrar, firmemente, para os membros da família, que se alguém está fazendo sintoma é porque a família está na mesma situação e, como um todo, está necessitando de novas aprendizagens (mudar padrões, flexibilizar, aprender novos comportamentos, entre outras). A eficácia do trabalho dependerá da habilidade do terapeuta em convencê-los disso, da sua certeza sobre o que fala, bem como da brevidade com que faz essa redefinição.

No atendimento de famílias, esse é um dos pontos importantes, que definirá se a terapia será reestruturante ou não. Quando o terapeuta consegue deixar isso claro (que não importa o tipo do sintoma, mas que qualquer sintoma aponta para a forma como as pessoas relacionam-se e funcionam), e a família consegue compreender, abre-se a possibilidade de um processo terapêutico de mudanças efetivas. Ou seja, pode acontecer mudança nos padrões de funcionamento.

Primeira Sessão

Na primeira sessão, alguns pontos são indispensáveis.

- → Flexibilizar as leituras lineares: é comum que a família, ao chegar à sessão, esteja com várias leituras lineares sobre sua situação, ou seja, acreditam que alguém é o culpado do que está acontecendo, espera descobrir a causa única dos eventos, coloca na mão do terapeuta a cura da situação. Quanto antes o terapeuta flexibilizar essas crenças, antes a família iniciará um real processo terapêutico.
- → Redefinir o sintoma como uma situação familiar: é necessário para o bom encaminhamento que a família enxergue outras leituras do sintoma, além da que já tem. Compreender que os sintomas são desencadeados

e mantidos por situações relacionais e familiares tira a idéia de um culpado ou doente e possibilita novas pautas relacionais.

- → Definir as aprendizagens de cada subsistema familiar: essa é uma forma de circular e redistribuir a questão na família. Ao levantar o que cada um precisa aprender (individualmente, os pais, o casal, os filhos, a família como um todo), amplia-se o olhar sobre a situação da queixa e das leituras simplistas.
- → Negociar encaminhamentos: após essas redefinições, a família tem elementos para avaliar e negociar por quais caminhos querem ou podem iniciar o trabalho terapêutico.

A partir do que ficar acordado nessa primeira sessão, vai se desenvolver o processo terapêutico familiar. O contrato vai organizar o andamento, mas com flexibilidade para que os objetivos, o tipo de trabalho, os intervalos e o comparecimento possam ser avaliados, reavaliados, definidos e redefinidos conforme se desenvolvem.

O foco principal será sempre possibilitar aos membros da família que enxerguem seus funcionamentos, tenham mais consciência e controle sobre seus álibis e suas compulsões relacionais, façam as aprendizagens necessárias e desencadeiem as mudanças a que se propõem.

Encaminhamentos

As sessões vão sendo desenvolvidas a partir das necessidades, da disponibilidade dos envolvidos e da aprendizagem que está sendo realizada naquele momento.

- → As sessões com toda a família acontecem quando as dificuldades apresentadas englobam toda a família ou pressupõem-se novos contratos, acertos de convivência, aprendizagens sistêmicas e de assuntos que vão melhorar a comunicação, a convivência e as negociações.

- As sessões de pais, chamadas de Supervisão de Pais, são indicadas quando a dificuldade maior é no desempenho de funções de pais. Numa supervisão de pais, trabalham-se os aspectos e responsabilidades que os pais devem assumir na educação e orientação dos filhos: papéis, funções, limites, autoridades, continente. Funciona como se fosse mesmo uma supervisão: levanta-se o problema, discute-se, define-se como lidar com o problema; depois, os pais vão para sua vida normal, lidam com as questões e trazem os resultados para o terapeuta. Na sessão, juntam-se as idéias do terapeuta e dos pais. Quando os pais são separados e necessitam definir questões dos filhos, a supervisão de pais é indicada, pois a função conjugal não existe, mas eles continuam com responsabilidades, tarefas e funções de pais. Se os pais conseguem se relacionar e produzir bem juntos, virão os dois para o atendimento na mesma sessão. Caso não possam ou não queiram sessões conjuntas, o terapeuta poderá atendê-los em supervisão de pais em sessões individuais
- As sessões só com os filhos serão úteis na situações em que esse subsistema precise treinar comportamentos de relações entre irmãos, ou responsabilizar-se por determinadas tarefas ou situações.
- Sessões individuais são indicadas quando um dos elementos necessita de um reforço em um dos aspectos que estão sendo trabalhados.
- Sessões com subsistemas específicos acontecerão no momento em que for necessário lidar com questões específicas de um só subsistema. Por exemplo, filhos mais velhos, mulheres, homens.
- Encaminhamento para terapia de casal é feita quando

as dificuldades que o casal tem são tão sérias que chegam a impossibilitar o andamento da terapia familiar. Se eles percebem essa situação, redefine-se o trabalho como terapia de casal. Nas sessões, trabalha-se com todos os aspectos da relação do casal que os incluem como conjuges, como pais, como pessoas em relação. Se eles não querem lidar com as questões conjugais, mantém-se o trabalho de família e inclui-se sessões de pais, nas quais se procura lidar com as disfunções do casal somente no âmbito de pais. Quando o casal está separado, só se faz sessão de pais, pois os dois não são mais marido e mulher. O risco é eles usarem esse espaço para tratarem suas questões de marido e mulher não resolvidos; nesse caso, serão atendidos em sessões individuais de supervisão de pais.

O trabalho será sempre realizado com um tempo ou um objetivo pré-definido. Tanto o prazo, como o objetivo de cada etapa, pode ser reorganizado a qualquer momento que seja necessário: porque não está sendo útil, porque os objetivos foram alcançados ou mesmo porque algum dos elementos desiste de lidar com a questão. É importante, portanto, estar sempre atento e realizando avaliações.

No momento que se chega ao final do processo terapêutico, realiza-se uma avaliação do trabalho realizado e das próximas aprendizagens e mudanças que se delineiam; definem-se tarefas, sugestões e cuidados a serem desenvolvidos; marca-se uma data para uma sessão de seguimento e finalização.

O seguimento inclui uma variedade de procedimentos como continuação sutil de uma terapia. Com o final dos encontros agendados, a família transforma-se, realmente, em protagonista da terapia, e o dia a dia torna-se o tempo e o lugar de elaboração e verificação do aprendido no consultório do terapeuta.

Na sessão de seguimento, deverá vir toda a família que

participou da terapia. No caso de alguém estar impedido de participar, pede-se que envie por escrito sua avaliação do período, suas sugestões e seu depoimento. Durante a sessão, será lido o que for enviado. Após avaliarem juntos o que aconteceu, terapeuta e família definirão novas tarefas, sugestões e cuidados para o futuro.

O atendimento assim encerra-se. Se, porventura, houver novo pedido de terapia para essa família, será tratado como se fosse uma nova família, e não como continuidade de um processo.

Situações específicas

Adolescentes

No trabalho com adolescentes e suas famílias, diz-se que a adolescência é a fase de definir que tipo de adulto a pessoa quer ser. É a época da vida para checar valores, definir gostos e preferências, descobrir habilidades e incompetências. E, mais importante ainda, época de decidir de que forma vai ler sua história e quais capítulos vai escolher escrever. O desenvolvimento da flexibilidade e da responsabilidade é ingrediente importante para fazer dessa fase um marco de crescimento e individuação com autonomia. Isso significa que os jovens vão se responsabilizando por suas próprias decisões, mas sentindo a segurança da orientação dos pais.

A terapia será redefinida, se for mantida a postura de que são tarefas de um adolescente funcional: estudar e/ou trabalhar, ter uma turma e amigos, ter vida afetiva e/ou sexual, tomar parte nas tarefas da casa.

- → Estudar e/ou trabalhar é a forma de preparar-se para o futuro, de acordo com as características econômicas, sociais e culturais da família.
- → Ter uma turma e amigos é exercitar sua incursão no mundo social, lidar com lealdades, frustrações,

limites, competências, pertencimento, entre outros componentes das relações, além de experimentar valores e funcionamentos diferentes da sua família.

→ Ter vida afetiva e/ou sexual é uma possibilidade de aprender a lidar com intimidade, ciúmes, parcerias, colocando em prática o que viu e introjetou sobre relacionamentos, casal e sentimentos, a partir da relação dos pais, e descobrindo que pode ser diferente e aprender novos ângulos e novas formas de relacionamentos.

→ Tomar parte nas tarefas de casa significa compreender a importância da divisão de atividades caseiras e responsabilizar-se por elas. Os direitos e deveres passam pela questão de que os filhos não são os donos da casa; sem a menor dúvida, a casa é dos pais. Na prática, isso significa que quem manda são os pais, mas que quem vive nesse espaço precisa se responsabilizar por estar ali e contribuir para a organização e manutenção. É importante a participação dos filhos nos cuidados com a casa; porém, o mais importante é que as tarefas sejam verdadeiramente necessárias e que sejam democraticamente distribuídas. Democraticamente significa que elas devem ser adequadas à faixa etária, à situação de cada um na família e às outras tarefas de cada um dos membros.

Trabalhar essas questões não só com o adolescente, mas com toda a família, faz profunda diferença na forma como vão "navegar" pelo período de transição entre a infância e a vida adulta.

No entanto, se a família não entender e aceitar que o adolescente fazendo sintoma é um sintoma familiar, é melhor nem atender a família e, atendendo-o individualmente, responsabilizar o adolescente pela sua vida e processo. Se a estrutura familiar não auxiliar o adolescente, é preferível deixá-lo sozinho com suas questões. Trazer a família para terapia, sem clarear essa questão, é um risco: risco de prender o terapeuta na armadilha do que é certo e errado e, com isso, "crucificarem" o adolescente; risco de o adolescente olhar o terapeuta como parte do sistema de contenção e castigos; risco de o terapeuta tomar partido do adolescente e facilitar a irresponsabilidade dele; risco de os pais colocarem-se contra os movimentos do terapeuta. Nada é culpa dos pais, mas sim uma situação da estrutura da família, num momento crucial do ciclo vital familiar e, dessa forma, precisa ser visto e trabalhado.

A adolescência dos filhos é a fase precisosa de os pais recuperarem a relação de intimidade com os filhos. Não é fácil, mas é uma oportunidade que não deveria ser perdida.

O trabalho com famílias de adolescentes poderá ser feito em sessões de família, sessões individuais do adolescente e supervisão de pais. Esses encaminhamentos serão usados sempre em função das necessidades e disponibilidades.

→ As sessões de família com o foco de auxiliar o adolescente a encontrar seu lugar na família, realizar suas negociações, auxiliar os pais a conviverem com o filho que não é mais criança e, dessa forma, todos os membros da família adaptarem-se com a nova fase, aprenderem e aprimorarem-se, usando o relacionamento familiar.

→ Sessões individuais do adolescente para aprender a lidar com as dificuldades, limitações e aprendizagens dessa fase de vida. Organizar tarefas, definir o que vai fazer na vida, reorganizar horários e tarefas são atividades que podem facilitar ao adolescente assumir suas responsabilidades e escolhas. O foco será sempre em qual adulto ele deseja ser e em como se preparar para isso, independente da ajuda da família e do tipo das dificuldades que os pais ou a família lhe traz. A terapia individual é também um espaço para o adolescente trazer suas dúvidas, suas ansiedades e seus segredos.

→ Supervisão de pais de adolescentes é muito útil para que eles possam lidar com suas dúvidas e suas verdades. É um espaço para aprenderem a liberar seu filho para a vida, mantendo o aconchego e dando limites e orientação.

Adultos

Só haverá terapia de família de um adulto sintomático quando esse adulto for completamente sem autonomia. Se ele tiver possibilidade de desenvolver suas escolhas e sua autonomia, o trabalho será semelhante ao trabalho com adolescentes, apesar de cronologicamente adulto.

Se ele tem competências, o trabalho deverá ser feito só como terapia individual para não se correr o risco de infantilizá-lo e de ser conivente com seus álibis e disfunções.

Em algumas situações, é pertinente, no processo de terapia individual, realizar uma sessão com toda a família. O objetivo dessa estratégia deverá ser sempre responsabilizar o cliente adulto pela sua vida e processo. O cuidado deve ser de nunca culpar ou responsabilizar os pais ou a família pelas dificuldades ou tarefas do cliente adulto.

Pais Separados

Na separação ou no divórcio, cessam as funções conjugais. No entanto, os dois adultos são responsáveis em manter as funções parentais. Ao atender uma família com pais separados, é importante focar nas responsabilidades que os pais têm, mas também ensinar os filhos a viverem essa realidade. Um dos riscos é os filhos fazerem sintomas para impedir os pais de viverem suas novas vidas. Trabalhar as dificuldades e dores possibilita que todos tenham uma vida mais satisfatória.

Uma situação que acontece com freqüência é a dificuldade dos filhos do casamento que se desfez em aceitar novas relações afetivas dos pais. Os pais necessitam de bom senso nessa hora: respeitar a dificuldade dos filhos, mas não abrir mão das suas necessidades; não apressar ou forçar o contato da nova pessoa com os filhos resistentes; não cortar ou diminuir o tempo com os filhos a partir da entrada da nova pessoa; não esconder que está envolvido com outra pessoa; não abrir mão de nova relação afetiva para agradar os filhos.

Ao atender famílias reconstituídas, o terapeuta deverá ser flexível ao olhar, ao avaliar e ao tratar as situações que surgem. A preocupação é que as crianças sejam atendidas, que as relações sejam flexíveis e mais claras possíveis, e que todos os envolvidos estejam dispostos a lidar com a variedade de novas situações que surgirão.

Ao definir quem virá para as sessões, o terapeuta deverá, acima de tudo, usar de bom senso para não cair em juízo de valores ou julgamentos preconceituosos.

Sessões com Temas Específicos

Cada família tem suas aprendizagens específicas, mas existem aprendizagens que a maioria das famílias necessita realizar. Nesses casos, pode-se realizar sessões direcionadas para esses temas. Tais sessões podem ser só com os membros de uma família ou com várias famílias que estejam com a mesma necessidade. Podem ser sessões lúdicas, sessões de jogos ou exercícios corporais, sessões com tempo estendido para lidar com temas em que isso seja necessário.

Assuntos Delicados

Todas as famílias têm assuntos que são difíceis de serem abordados. O terapeuta precisa ter uma postura equilibrada;

ter respeito pelas dificuldades, sem evitar abordá-las. Entre os items que são mais comuns estão: segredos, adoção[60], homossexualidade, doenças familiares, deficiências ou incompetências. Se é assunto delicado para a família, o terapeuta everá lidar com respeito e compaixão. A questão a ser vista é o funcionamento das pessoas, o que elas têm para aprender, evitando-se o risco de trabalhar de forma linear e preconceituosa.

60 ROSSET, S. M. *Izabel*. p. 27.

7 Terapia de Casal Relacional Sistêmica

Pressupostos

Alguns tópicos norteiam o trabalho com casais na Terapia Relacional Sistêmica.

- → O espaço de casal é o local privilegiado para crescer e aprender, pois os parceiros enxergam com mais clareza do que qualquer outra pessoa os pontos que precisam de burilamento, os pontos que são disfuncionais, as vulnerabilidades e carências do outro.
- → É na relação de casal que aparece o melhor e o pior da pessoa. Se o indivíduo tiver humildade e disponibilidade, poderá usar as dicas que o parceiro dá para aprimorar-se, desenvolver suas potencialidades e conter ou transformar seus pontos críticos.
- → As diferenças que aparecem entre os membros do casal podem ser usadas como informações e são uma oportunidade de crescimento e enriquecimento.

Quando duas pessoas escolhem-se para ser um casal, vão estruturar **sua** forma única de ser; aos poucos, vão estabelecer **seu** padrão de funcionamento de casal.

Tal padrão estrutura-se a partir do padrão de funcionamento de cada um dos participantes e da relação que se estabelece entre eles. É uma forma repetitiva que o casal usa para responder e reagir às situações da vida e às situações relacionais. Engloba o que é dito e o que não é dito, a forma como se dizem e fazem as coisas, bem como todas as nuanças dos comportamentos do casal.

O padrão de funcionamento do casal tem possibilidades de alteração, a partir da tomada de consciência e de um trabalho para ter-se controle das compulsões relacionais. Ter consciência do seu padrão individual e do seu padrão como casal ajuda a clarear dificuldades e problemas que o casal pode ter. Enxergar o seu padrão de funcionamento possibilita ao casal enxergar os riscos e as dificuldades que pode ter e, assim, poder preveni-los.

A forma como o casal lida com as brigas e com os aspectos de dependência/independência na relação também mostra a repetição dos seus padrões relacionais.

Algumas Características que Ajudam os Casais a Melhorar a Funcionalidade da Relação

- → Saber preservar sua feminilidade/masculinidade e saber como criar momentos românticos, embora não faça disso o aspecto mais importante da relação. Gostar de viver uma lua-de-mel, mas ter plena consciência de que, na vida, tem hora para tudo.
- → Combinar amor erótico com amizade, e essa combinação ser um dos objetivos fundamentais da relação.
- → Preocupar-se em dar coisas a si mesmo, sem depender tanto de um parceiro para ficar de bem com a vida.
- → Fortalecer-se através das dificuldades do amor e da vida a dois, abrindo mão da magia em troca do real, e aprendendo com os erros que comete.
- → Saber que as relações saudáveis sobrevivem apenas com muita dedicação e que o amor exige esforço contínuo.

Aspectos técnicos

Os objetivos da busca de terapia de casal mudaram nos

últimos tempos. Antes, os casais buscavam terapia só quando a situação já estava insuportável e a razão da terapia era a busca de um ringue para as suas rotineiras e graves brigas ou de um auxílio para realizar a separação. O terapeuta era eleito como o juiz que iria dizer quem estava certo ou como o mágico que conseguiria fazer com que o outro mudasse e aceitasse as demandas do parceiro.

Atualmente, a partir das mudanças na compreensão do foco da terapia e das mudanças dos casais e da cultura em geral, um número grande de casais procura ajuda para melhorar a qualidade das suas relações. A terapia de casal deixou de ser um ringue, um confessionário ou um tribunal e passou a ser um espaço de aprendizagens e aprimoramento. Inúmeros casais têm buscado atendimento antes de casarem, para aprenderem a lidar com as diferenças e dificuldades antes que elas comecem a trazer problemas.

Na forma relacional sistêmica de fazer terapia de casal, antes de iniciar o trabalho com os conteúdos e padrões dos casais, dedica-se tempo e energia para desenvolver nos participantes **uma pertinência adequada para a mudança**.

Foca-se no desejo de cada um mudar seu jeito de ser e estar naquela relação e, a partir dessa mudança, poder mudar o padrão de interação do casal. Mergulhar na crise do casal com um nível muito baixo de disponibilidade para responsabilizar-se e mudar é um risco de aumentar a dor dos participantes, sem a possibilidade de criar novas estratégias para as dificuldades que têm. Se o casal está passando por uma crise, eles estão muito mais vulneráveis aos ataques e desqualificações, ao mesmo tempo em que estão mais atentos aos assuntos e às formas com os quais podem atacar e agredir um ao outro, além de estarem com a memória recheada de más lembranças. Prefiro, então, ir estruturando a relação terapêutica e a relação do casal no espaço da sessão, bem como avaliar e trabalhar a pertinência para a mudança, tanto individual, como do sistema casal.

Esse trabalho com o objetivo de desenvolver pertinência começa já no primeiro telefonema. Não facilitando muito a vinda do casal, começa-se a trabalhar a pertinência para a mudança, levantando questões, passando tarefas, refletindo ângulos. Muitas vezes, já nessa primeira etapa da terapia, as dificuldades começam a ser clareadas. É o momento em que cada um dos envolvidos começa a enxergar o que tem a aprender e mudar, desfocando do que lhe incomoda ou atrapalha no outro. Dessa forma, cada um focando na sua mudança, inevitavelmente, o sistema conjugal sofre alterações no seu funcionamento.

O trabalho terapêutico irá focar no padrão de funcionamento do casal, no quê está acontecendo, como acontece e para quê acontece. Dessa forma, não se foca nos conteúdos, mas direciona-se para que o casal tenha cada vez mais consciência de como funciona, de que forma reage, quais são suas compulsões. Trabalhar dessa maneira evita o risco dos parceiros virem à terapia para que o outro mude e foca na mudança em cada um deles e na forma que se relacionam.

Tendo em vista que o casal é compreendido como um subsistema familiar, a terapia de casal segue os mesmos aspectos técnicos da Terapia Relacional Sistêmica para a terapia de outros sistemas. No entanto, existem algumas questões técnicas que são específicas para a terapia de casal.

→ Antes da definição, se haverá ou não terapia de casal, é avaliada a pertinência e disponibilidade para mudança de cada um dos membros do casal. Dessa forma, evita-se iniciar um processo que pode ser doloroso e desorganizador com parâmetros irreais do investimento de cada um dos envolvidos.

→ A compreensão do casal como um sistema (no qual o que acontece é conjunto e complementar e cada indivíduo é parte de um mesmo funcionamento) é importante para o manejo de depositações, imagens cristalizadas e outros mecanismos que os casais usam para manter os jogos relacionais. Assim, não se possibilita que as definições: "Um quer a terapia o outro não", "Um tem boa intenção e o outro não", "Um é o culpado e o outro inocente", bem como muitas outras desse formato, impeçam que o casal veja, realmente, seu padrão complementar e conjunto e responsabilize-se por ele e pelas possíveis mudanças.

- Ao iniciar o processo, deixa-se claro para os clientes que o trabalho será focado no padrão de funcionamento que eles desenvolveram ao longo da relação, e não nos conteúdos e queixas recíprocas, e que os fatos, relatos e histórias servirão para clarear, para eles e para o terapeuta, os lances desse padrão. Assim, define-se desde o início que o espaço terapêutico não é um espaço para queixas, brigas, depositações, para busca de um juiz ou aliado, mas sim uma possibilidade de tomada de consciência, desenvolvimento de responsabilidades e mudanças estruturais na relação.
- No desenrolar do processo terapêutico, o terapeuta deve ficar atento para evitar polarizações e tomar partido. Permitir que o casal polarize (cada pessoa numa polaridade da mesma característica) e agir ou pensar em favor de um dos cônjuges são dois dos maiores "pecados" do terapeuta contra o pensamento e a postura sistêmica.

O objetivo do trabalho com casais é dar dados e informações para que os casais possam enxergar e ter clareza do seu padrão de funcionamento, do padrão de funcionamento do parceiro e do seu padrão conjunto como casal. A partir de tal compreensão, cada um pode ter mais controle sobre suas dificuldades e usar o parceiro e a relação como fonte de crescimento, aprimoramento e desenvolvimento. Dessa forma, ambos melhorarão sua qualidade de vida e a das pessoas que estão diretamente ligadas a eles. O melhor prognóstico na terapia de casal aparece quando cada um individualmente estiver comprometido em fazer as suas mudanças, em relação aos pontos que estejam atrapalhando a vida do casal.

O pedido de terapia de casal pode surgir diretamente, a partir de uma terapia de família bem sucedida, a partir de compreensões e impossibilidades surgidas na terapia de família ou a partir da terapia individual de um dos parceiros.

A forma de encaminhar o pedido varia um pouco em cada um dos casos.

→ Diretamente: um dos elementos do casal faz contato para marcar a sessão. No primeiro telefonema, o terapeuta irá avaliar se o outro parceiro também está disponível a vir, o que está acontecendo na relação do casal e, se estiver tudo claro, marcará a sessão. Em caso de dúvida, pede-se para o outro parceiro ligar para o terapeuta ou a própria pessoa que fez o telefonema irá conversar com o outro e voltará a fazer contato para dar as respostas e marcar o primeiro encontro.

→ A partir de uma terapia de família bem sucedida: quando se encerra a terapia familiar e o casal enxerga que existem tópicos que são conjugais, os parceiros propõem-se a dar seguimento em terapia de casal. O terapeuta marcará uma primeira sessão que seguirá os moldes de uma primeira sessão de casal.

→ A partir de compreensão na terapia familiar: no andamento da terapia de família, os pais enxergam que suas dificuldades conjugais estão sendo passadas para seus papéis de pai e mãe e estão dificultando as relações familiares ou desncadeando sintomas nos filhos. Nesses casos, os aspectos a serem trabalhados já são compreendidos pelo casal e deverão ser organizados e redefinidos pelo terapeuta.

- A partir de impossibilidades surgidas na terapia de família: quando a terapia familiar ou dos filhos fica impedida de desenvolver-se pelas dificuldades relacionais do casal, o terapeuta marcará uma sessão de pais/casal e definirá com eles a necessidade de olharem a sua relação antes de depositarem as dificuldades nos filhos. Nesse caso, ao sugerir a trapia de casal, o terapeuta ilustrará os aspectos que já enxergou e que precisam ser trabalhados.
- A partir da terapia individual de um dos parceiros: quando um cliente de terapia individual pede terapia de casal, o mais adequado é pedir que o seu parceiro faça contato e marque uma sessão individual. Nessa sessão, o terapeuta vai avaliar o desejo e a pertinência do pedido. Após esse contato, se for pertinente, marca-se uma sessão de casal, para trabalhar e avaliar como um sistema novo.

Na primeira sessão de casal, vai-se levantar o que está acontecendo, como cada um dos dois vê a situação, o que já fizeram para resolver, quais outras dificuldades existem, como estão os filhos (se fazem ou não sintomas, como estão envolvidos nas dificuldades do casal), quais as expectativas que têm com a terapia. Se for necessário, o terapeuta redefine a queixa e os objetivos, transformando-os em algo trabalhável e coerente com a proposta de trabalho com padrões de funcionamento. Discutem-se e negociam-se os objetivos e as aprendizagens do casal e de cada um dos parceiros. Algumas vezes, além dessa primeira sessão conjunta, são indicadas uma sessão individual com cada parceiro e uma sessão conjunta para acordar os encaminhamentos. Alguns aspectos que o terapeuta vai avaliar nessa etapa são: pertinência, funções do subsistema conjugal, colusão, objetivos individuais e de casal, aprendizagens individuais e de casal, comunicação, atendimento de casal ou de pais.

A partir de definirem-se os trabalhos, inicia-se o processo de terapia de casal. Os conteúdos a serem discutidos vão variar de acordo com a realidade, o dia a dia e o desejo do casal, mas o foco será sempre no padrão de funcionamento que os parceiros têm como casal e nas aprendizagens e mudanças que são necessárias.

No desenrolar da terapia de casal, pode surgir a necessidade de realizarem-se sessões individuais com os dois parceiros ou só com um deles. É importante ter bem claro o objetivo dessa sessão para não correr o risco de transformar o processo em terapia individual com rótulo de terapia de casal. É necessário fazer sessão individual quando um dos dois ou os dois têm grandes dificuldades emocionais, quando for necessário tomar uma atitude forte com um dos elementos ou quando um dos dois necessitar trabalhar uma questão intrapsiquica que está dificultando a relação do casal. Nesses casos, age-se da forma descrita a seguir.

- → Têm grandes dificuldades emocionais: um deles ou os dois necessitam de um espaço de contenção e qualificação. Assim, o terapeuta vai dando suporte e retaguarda para o processo de mudança nos atendimentos individuais e, na sessão de casal, trabalham-se as dificuldades da relação. O foco individual será sempre no aspecto da dificuldade que está prejudicando a relação do casal. Continua sendo um trabalho de casal, e não de terapia individual.
- → Quando for necessário tomar uma atitude forte com um dos elementos: em alguns momentos, é necessário dar algum enquadre mais explícito para um dos parceiros ou para os dois; porém, se isso for feito na sessão de casal, pode haver dificuldade em manter-se

a neutralidade do terapeuta; pode parecer que há julgamento de valor ou espaço para fazer conchavos. Então, marca-se uma sessão individual para colocar em prática essa estratégia.

- Um dos dois necessita trabalhar uma questão intrapsíquica que está dificultando a relação do casal: quando o casal e o terapeuta enxergam que um algum conteúdo de um dos parceiros está impedindo que eles façam determinada mudança na relação, contrata-se que, durante um número determinado de sessões ou um tempo pré-definido, esse membro do casal terá sessões individuais para trabalhar tal conteúdo, depois retornando às sessões de casal. Apesar de ser trabalhado individualmente, o foco continua sendo na relação de casal.

Uma outra questão importante é diferenciar com clareza quando está se trabalhando o casal como pais ou como cônjuges.

- Terapia de casal: quando as dificuldades na relação do casal desencadeiam as dificuldades do filho ou impedem o atendimento do filho; quando a queixa é relacional; quando uma das partes do casal faz sintoma; na evolução de um trabalho de família. Tarefa do terapeuta: enfatizar a mutualidade; proteger as fronteiras do subsistema conjugal, mantendo suas funções.
- Supervisão de pais: quando as dificuldades dos filhos são relacionadas com mau desempenho nas funções parentais, independente de viverem juntos ou não. Tarefa do terapeuta: ajudar os subsistemas a negociarem e a acomodarem-se entre si; apoiar a responsabilidade e obrigação dos pais em determinar regras familiares; assegurar o direito e a obrigação do filho em crescer e desenvolver autonomia.

Aspectos da relação de casal

Cada casal tem seus conteúdos, dificuldades e facilidades específicas, mas existem alguns temas que o terapeuta pode trazer ou avaliar com o casal, para ver como os parceiros lidam, de forma a ampliar o olhar que tem sobre seu relacionamento.[61]

→ Provas de amor: cada parceiro tem sua listagem do que espera que o outro faça como prova do seu afeto, da sua consideração, do valor que dá à pessoa amada. Avaliar essas expectativas e a forma como o outro reage a elas dá grandes indicações dos padrões do casal.

→ Comunicação: se não todo o treino comunicacional, pelo menos duas questões básicas – falar de si, e não do outro; saber que as pontuações, visões e posturas são diferentes.

→ Brigas: como brigam; para quê brigam; qual a utilidade das brigas; como ter boas brigas; como usar bem o momento pós-briga; como brigar pelo presente, e não pelo passado

→ Funções de casal: enxergar e trabalhar como estão desempenhando essas funções, que são inerentes a ser um casal; ser, um para o outro, refúgio dos estresses externos; ser um novo modelo de relação com outros sistemas (famílias, amigos); ser um espaço para aprendizagem e aprimoramento; aprender e desenvolver intimidade e sexualidade.

→ Fazer bom uso da relação: usar a relação para enxergar seu próprio funcionamento, aprimorar-se com o pior do outro, usar o seu melhor para melhorar o outro.

→ Nas separações: avaliar as aprendizagens realizadas durante o relacionamento, o que poderia e faltou aprender, como poderia ter sido diferente.

---

61 ROSSET, S. M. *O casal nosso de cada dia*. Curitiba: Sol, 2004.

→ Nos recasamentos: avaliar as compulsões relacionais, fazer um bom contrato (claro, explícito, acordado por todos os envolvidos), saber que nada é "zero quilometro".
→ Nas questões de "ninho vazio": Tudo que foi deixado "em baixo do tapete" retorna. Saber que as dificuldades dessa fase podem ser prevenidas ao casar e que a solução das dificuldades pressupõe retomada do casal e retomada individual de cada um dos parceiros.

Terapia de Grupo Relacional Sistêmica

8

Proposta

Existem inúmeras razões que justificam o encaminhamento para terapia em grupo, as quais podem ser englobadas em algumas indicações básicas.

- → Para reprocessar o grupo primário (famílias) interiorizado e repetido nas relações: cada um irá trabalhar no grupo suas questões edípicas e familiares de forma a ter maior habilidade para lidar com elas e evitar sua atualização nas suas relações atuais.
- → Como laboratório de vida: para o treinamento de atitudes e posturas que precisam ser mudadas e levadas para a vida do dia a dia, o cliente irá usar o grupo e as pessoas do grupo para desenvolver consciência de como funciona, bem como desencadear aprendizagens e mudanças nesse padrão relacional.
- → Para a mobilização de afetos, emoções, posturas que necessitam vir à tona: por ser um grupo que tem uma disponibilidade de dar contenção e afeto, pode desenvolver um espaço de mais confiança e segurança.
- → Para possibilitar o trabalho com níveis mais profundos da estrutura emocional, que necessitam de um nível de circulação de energia e de certeza de contenção.

Alguns pressupostos básicos da Terapia Relacional Sistêmica

fundamentam e justificam a terapia de grupo.

- → Nenhum indivíduo vive isoladamente. Suas facilidades e dificuldades são sempre em função do seu sistema de relação.
- → A matriz de identidade do indivíduo é a família. A terapia de grupo possibilita retomar experiências familiares, bem como completar aprendizagens não realizadas na família de origem.
- → Ao longo da experiência, o indivíduo deverá aprender lidar com os dois aspectos básicos das relações: o **pertencer** e o **separar-se**, nos mais variados níveis e modalidades.
- → O indivíduo sempre escolhe tudo na vida. O que varia é o nível de consciência que tem das suas escolhas.
- → Os níveis de vitalidade e energia variam de indivíduo para indivíduo, de sistema para sistema e de momento para momento. Aprender a ter consciência e autonomia na regulação do seu nível de energia ajuda o indivíduo a alterar seu padrão de funcionamento.
- → A prioridade da terapia é a mudança e a aprendizagem de novos padrões de relação.

Esses pressupostos indicam e justificam o trabalho de terapia de grupo pois, de uma forma protegida, coloca os indivíduos para lidarem e aprenderem a ter controle das suas dificuldades relacionais.

As técnicas usadas na terapia de grupo têm como objetivo auxiliar a integração grupal, facilitar as aprendizagens gerais e desenvolver os aspectos dos processos pessoais.[62]

Todo ser humano, independente do que está vivendo ou mostrando em determinado momento, tem um núcleo de saúde. O terapeuta deve se ligar a esse núcleo para facilitar a caminhada

62 ROSSET, S. M. *123 técnicas de psicoterapia relacional sistêmica*. 3. ed. Curitiba: Sol, 2008.

que o cliente tem a fazer. No trabalho terapêutico em grupo, através da vinculação dos núcleos de saúde dos vários participantes, eles podem se fortalecer através da troca, do compartilhar, do experimentar.

Com relação ao nível de consciência das próprias escolhas, o grupo auxilia cada pessoa, através do espelhamento, das experiências (de vida e das realizadas na sessão) compartidas.

No trabalho em grupo, aparece, com mais clareza, o padrão de funcionamento das pessoas, possibilitando instrumentá-las com mais abrangência do que nas sessões bipessoais.

A estrutura do grupo possibilita que cada cliente seja trabalhado com o que é possível fazer no ponto do processo em que se encontra. Isso acontece porque sempre haverá aspectos de cada pessoa que estarão igualmente (ou mais, ou menos) desenvolvidos quanto os de outra pessoa. Através da circulação, todos se beneficiam, recuperando o processo de crescimento. O conteúdo trabalhado por uma pessoa sempre vai reverberar para os outros, eles tendo consciência disso ou não. Esse fato amplia o potencial terapêutico do grupo

O processo grupal estimula o indivíduo a recuperar e/ou desenvolver suas posturas de autonomia e responsabilidade. Sendo esse um dos objetivos da terapia, vemos que a terapia em grupo é mais funcional, nesses aspectos, do que a terapia bipessoal, a qual facilita a independência.

Desenvolvimento dos Grupos

No seu desenvolvimento, os grupos seguem os estágios de desenvolvimento do ser humano. No entanto, como um grupo não é uma criança (para tornar-se adulta, precisa de muitos anos), as fases grupais superpõem-se mais rapidamente e com menos nitidez. De qualquer forma, algumas fases são muito bem marcadas e facilmente detectáveis. Pode-se estudar e enxergar essas fases seguindo propostas de desenvolvimento dos grupos de vários autores. A Terapia Relacional Sistêmica, entre outras fontes, usa as propostas citadas a seguir.

→ De acordo com a teoria psicodramática da matriz de identidade[63], o início de um grupo expressa a fase de **indiferenciação**. A seguir, vem a fase de **reconhecimento grupal**, a fase de **triangulação** e, finalmente, a fase de **circularização e de inversão de papéis**.

→ De acordo com a teoria psicodramática do Núcleo do Eu[64], os grupos organizam-se passando pelas seguintes fases: fase de **ingeridor**, fase de **defecador**, fase de **urinador** e fase de **caótico e indiferenciado**.

Aspectos técnicos

O objetivo da terapia de grupo é usar o espaço/tempo/energia do grupo para possibilitar atingir o objetivo da terapia. Uma das funções principais da terapia de grupo é a possibilidade de desenvolver, num espaço protegido, as aprendizagens que precisam ser feitas e que, no espaço familiar e social, pode levar o cliente a correr riscos relacionais.

As atividades e relações dentro do grupo levam a um desenvolvimento da consciência. Num nível concreto, isso significa ter consciência do que faz, como faz, para quem faz e por que faz. Com isso, vai se tornando responsável pelos seus atos e dono das suas compulsões.

A terapia de grupo, então, é um tempo/espaço que favorece e possibilita as mudanças.

É necessário ter clareza em que ponto do seu processo pessoal o cliente está, para saber o que esperar do decorrer do grupo e quais as aprendizagens ele precisa desenvolver. Sabendo por que cada cliente entrou no grupo, fica mais fácil definir tarefas,

---

63 FONSECA FILHO, J. *Psicodrama*. p. 129.
64 DIAS, V. R. C. S. *Psicodrama*. p. 111.

encaminhamentos, avaliações.

O grupo possibilita desenvolver a compreensão e a experiência real de forma a desenvolver um comportamento em que aparece a forma das pessoas relacionarem-se e, ao mesmo tempo, possibilita que elas "vejam" essa forma e treinem mudá-la.

O grupo pode servir como um espaço de matrização, desde que se trabalhe como um útero liberante, e não como um espaço que vai manter como criança. É importante deixar claro para o cliente qual é a aprendizagem: se ele não tem grupos referenciais na vida, vai para aprender a não precisar ter. É um espaço para experimentar e preparar-se para o que a vida fornece a cada um.

Nas sessões de grupo, em função dos envolvimentos emocionais e da carga energética e afetiva que circula, fica mais fácil a ocorrência de catarses emocionais.

Catarse de Integração

Catarse é a expressão das emoções ligadas ao fato ou à lembrança do fato traumático. É uma descarga que traz um alívio intenso. Entretanto, é fundamental compreender que o alívio é momentâneo e, no tempo seguinte, as questões podem voltar ao mesmo patamar. O importante é que, além da descarga emocional, possa haver uma catarse de integração, que é a possibilidade de juntar o efeito da catarse com a consciência do funcionamento, de forma que faça diferença no dia a dia emocional e relacional. Na catarse de integração, os aspectos do ego que permaneciam fixados no passado, no trauma e na dor passam a fazer parte do presente, possibilitando uma nova visão de si mesmo e trazendo novas potências e competências.

Tipos de trabalhos de grupos

Os grupos são estruturados de acordo com o seu objetivo específico e com as possibilidades/disponibilidades dos participantes.

As sessões podem ocorrer toda semana, a cada quinze dias

ou uma vez por mês, sendo que os grupos de mobilização terapêutica são planejados de acordo com a demanda.

Os grupos podem ser abertos (entram e saem elementos) ou fechados (sempre com os mesmos participantes). Na medida da indicação terapêutica, as sessões grupais podem ser complementadas com sessões individuais. O trabalho é focado nos aspectos pertinentes do processo de cada elemento do grupo, e as tarefas podem ser grupais e/ou individuais.

Os grupos podem ser processuais ou de tarefa específica. Como processuais, estão os grupos que se reúnem por longo tempo, semanal ou quinzenalmente. Nesse espaço, todos acompanham e participam do desenvolvimento do processo de cada membro do grupo. Isso é importante para lidar com aspectos familiares não-resolvidos, questões edípicas, questões de caráter nas relações, rematrizamento, entre outros. Como de tarefa específica, estão grupos que têm uma tarefa com objetivo a ser atingido; uma tarefa pontual a ser desenvolvida. Por exemplo, trabalho mítico, trabalho corporal, aprendizagens específicas.

Nos grupos de adolescentes e de crianças, um dos focos do trabalho é possibilitar um espaço para compartilhar, complementando o trabalho da família e possibilitando um espaço para viver e aprender.

Os grupos de mobilização terapêutica são destinados a pessoas que estão em processo terapêutico. O foco é na mobilização de vivências e conteúdos; é um espaço intermediário entre a sessão individual e as sessões de grupo.

Grupo de Crianças

É um espaço para suprir o que a família deveria dar, mas não está podendo dar (aprendizagens, trocas afetivas, jogos, movimentos etc.).

Essencialmente, é um trabalho lúdico, com "enxertos terapêuticos" que serão desenvolvidos na medida do que seja útil para as crianças participantes. É importante avaliar com precisão a necessidade e a possibilidade de "digestão" das intervenções psicológicas e relacionais, das interpretações e "psicologismos".

Para que o trabalho grupal seja útil para a criança, é importante que a participação no grupo seja uma das partes do trabalho com toda a família. Dessa forma, as aprendizagens no grupo serão um complemento e uma ajuda ao processo familiar. O foco está no desenvolvimento do lúdico, organizado a partir do que eles precisam aprender. Através do lúdico, possibilitam-se aprendizagens e inserções das questões de estrutura que forem pertinentes.

Grupo de Adolescentes

O objetivo é auxiliar o adolescente, como um jovem que é, a desenvolver suas tarefas: estudar (e/ou trabalhar), ter amigos, namorar, separar-se da família e preparar-se para ser um adulto autônomo e responsável.

Com adolescentes menores, trabalha-se de forma igual com o grupo de crianças.

A função do grupo é suprir o que a família não está possibilitando e treinar o adolescente para as relações na vida adulta. Metade do trabalho terá características do processo terapêutico de criança (lúdico) e metade do processo de adulto (responsabilização, definição de objetivos, tarefas). Mais de um ou de outro, dependendo do momento e das necessidades dos elementos do grupo.

A psicoterapia de grupo é muito bem aceita pelos adolescentes por corresponder à sua natural inclinação procurar no grupo de iguais a caixa de ressonância ou o continente para suas ansiedades existenciais. Através do interjogo de identificações projetivas propiciado pelo grupo terapêutico, pode o adolescente adquirir *insight* de aspectos de sua crise transicional, como também melhor superar as vicissitudes peculiares a essa etapa evolutiva.

9 O Terapeuta Relacional Sistêmico

A tarefa do terapeuta relacional sistêmico é auxiliar seu cliente a ter consciência do seu padrão de funcionamento e, a partir disso, ajudá-lo a desenvolver as aprendizagens necessárias e as mudanças pertinentes.

A função básica do terapeuta é enxergar e adequar-se ao que é útil para o cliente naquele momento específico. Não importa o que o terapeuta sabe ou compreende do cliente, mas sim sua habilidade em colocar o que sabe e vê como instrumento de auxílio para ele, dosando as informações, as interpretações e as marcações, das quais o cliente possa fazer bom uso.

Um terapeuta será cada vez melhor na medida em que tenha consciência do seu funcionamento e consiga utilizar seus pontos fracos e fortes, estrategicamente, de forma a ser útil para o cliente.

Um dos primeiros passos para ser um terapeuta que funciona e trabalha de uma forma relacional sistêmica é o treinamento para "enxergar" o padrão de interação. As historinhas encantam; o importante é o terapeuta treinar-se para enxergar o padrão, e não o conteúdo das queixas, auxiliando os clientes a enxergarem também assim.

Para o terapeuta relacional sistêmico, um dos desafios é poder ouvir o **conteúdo** das queixas e dos **sintomas**, mas ficar atento e centrado na **forma**. Quando o terapeuta tem certeza de que o padrão de funcionamento é o aspecto do cliente que possibilita mudanças estruturais no indivíduo e na sua rede de relações, ele irá sempre ouvir e ver o que acontece; porém, irá manter suas "antenas" conectadas para ver o funcionamento que está por trás e que dá suporte para aqueles conteúdos e comportamentos. Ao ouvir o **conteúdo** das queixas e dos sintomas, o terapeuta relacional sistêmico estará ouvindo, mas ficará atento e centrado na forma. Normalmente, o conteúdo seduz e encanta pela emoção que encerra, pelo hábito cultural de querer compreender, pela impotência que a situação gera. Ao deixar-se fascinar pelo conteúdo, perde-se o potencial de ação e mudança, que só serão viáveis quando se fica atento à forma como o conteúdo é vivido e está sendo relatado, pois é na forma que aparece o padrão de interação e funcionamento do cliente. O que precisa ser desvendado e mudado é a forma repetitiva de funcionamento, a qual desencadeia e mantém os sintomas.

A Relação Terapêutica

Acima de tudo, a relação que se estabelece deve ser terapêutica para o cliente. Essa é responsabilidade e tarefa do terapeuta. A interação do sistema terapêutico (terapeuta × cliente) deve acrescentar funcionalidade ao padrão da família ou do indivíduo. Toda ação relacional do terapeuta, dentro ou fora da sessão, deve passar pelo crivo da avaliação para saber o que será útil para a aprendizagem do cliente.

Treinos e Aprendizagens do Terapeuta

- → O terapeuta que desejar trabalhar com padrões de funcionamento precisa, primeiramente, desencantar-se com o conteúdo e o enredo das histórias relatadas na sessão: é necessário que ele acredite que o padrão aparece na forma, e não no conteúdo.
- → É necessário que o terapeuta desapegue-se do mito

de que o importante é saber o porquê e as causas dos sintomas e comportamentos. Só com esse desapego ele conseguirá se exercitar na compreensão de que os eventos são multicausais e que a verdade é relativa. Dessa forma, poderá se aventurar por explicações cada vez mais complexas dos inúmeros desencadeantes e das razões para eles. Ter a preocupação com o porquê atrapalha o trabalho sistêmico. O **porquê** não importa; importa **como** que algo acontece, **para quê** isso acontece. Focar no **porquê** leva ao passado, à explicação, à simplificação linear. Focar no **para quê** direciona ao presente e ao futuro, à mudança, à complexidade e à escolha e responsabilidade.

- Ele precisa também aceitar que um mesmo comportamento, fato ou sintoma pode ser funcional ou disfuncional, dependendo do contexto de tempo e espaço em que ocorre e do sistema que o desenvolve.
- Saber que um padrão não é bom nem ruim, ele simplesmente é, existe, é um fator primordial para o terapeuta poder acompanhar seus clientes no trabalho com padrões de funcionamento sem juízos de valores, sem pré-definições, sem desejos que o cliente faça o que parece mais correto para o terapeuta
- Um dos itens importantes da postura terapêutica é o desenvolvimento da compaixão por dificuldades, defesas, resistências e limites do cliente. Compaixão é mais que compreensão, paciência, respeito. É abrir, realmente, seu coração para a dor, a dificuldade, a impossibilidade do outro.
- Compreender, aceitar e lidar com as recaídas do cliente são outros aspectos difíceis do trabalho sistêmico. Se o terapeuta assustar-se, desacreditar de si ou do cliente quando este recair, abrirá um buraco negro

entre o que ele diz e o que acredita ou teme, perdendo a possibilidade de fazer uso terapêutico desse episódio. Acima da técnica e da teoria, o terapeuta tem que ter fé e crença nas suas propostas terapêuticas.

→ O terapeuta precisa sentir-se à vontade com as técnicas que utiliza. Ele deve ter um arsenal de técnicas, em cuja aplicação sinta-se bem. Se ele já se submeteu à determinada técnica, certamente estará mais familiarizado com ela, e poderá, além de fazer melhor uso dela, criar e recriar.

→ Uma condição fundamental para um terapeuta realizar uma boa avaliação é que saiba **ver**. Saber **ver** é estar aberto a enxergar aquele indivíduo como uma entidade única; poder vê-lo sem idéias pré-concebidas (do encaminhador, da teoria etc.); poder vê-lo sem transferências pessoais. É indispensável compreender o cliente como alguém que tem um núcleo de saúde (por mais escondido que esteja no momento). Saber **ver** é estar suficientemente junto para poder sentir a pessoa, sua energia, seu tônus emocional, como também suficientemente longe para poder ouvir e ver todos os sinais que ela emite, desde os mais concretos (corpo, postura) até os mais sutis.

Supervisão

O desenvolvimento do papel de terapeuta passa por três fases, que são desenvolvidas nos três estágios de supervisão.

→ Num primeiro momento, é aprender a fazer. A tarefa do supervisionando é fazer o que o supervisor ensina. Para ter um modelo e aprender a fazer, precisa de humildade com bom senso. A tarefa do supervisor é ensinar a fazer. É dar possibilidades e elementos para que ele aprenda; é suprir as necessidades e carências do supervisionado. A avaliação positiva da aprendizagem dessa fase acontece quando o supervisionando já faz as etapas de início da terapia de acordo com os conceitos teóricos e técnicos, conseguindo definir o encaminhamento dos casos, referentes às questões de manejo de situações difíceis, sem grandes dificuldades.

- Na segunda fase, vai integrar o que aprendeu com seu jeito próprio, com suas idiossincrasias, com seus outros conhecimentos e habilidades. A tarefa do supervisionando é ousar. Ele já adquiriu uma bagagem e vai ousar em cima daquilo; vai fazer crescer o que já sabe fazer; vai refletir sobre o seu jeito e o do supervisor; vai trazer para a supervisão o seu material já auto-supervisionado. A tarefa do supervisor é apontar as inabilidades e os jeitos menos adequados; é sugerir formas mais ágeis de trabalho. Aqui se trabalham também as potências e competências emocionais e relacionais do terapeuta. A avaliação positiva da aprendizagem acontece quando o terapeuta supervisionando sente-se à vontade para ser um terapeuta diferente dos outros, com sua forma pessoal de ser, mas sem perder o rumo teórico e técnico do trabalho e tendo argumentos lógicos para suas integrações.
- A terceira etapa é de aprimoramento. A tarefa do supervisionando é criar e desenvolver o seu próprio jeito de ser terapeuta. A tarefa do supervisor é trocar com o supervisionando, burilar a sua forma de ser terapeuta, etimulando-o e qualificando-o. A avaliação positiva da aprendizagem acontece quando o terapeuta consegue criar e ousar sem perder a qualidade e a coerência do trabalho; quando consegue enriquecer com o que recebe dos outros elementos do grupo e coloca-se de forma a poder enriquecer o trabalho dos outros.

O que importa não são as dificuldades ou facilidades de um terapeuta. O que realmente faz diferença é o nível de consciência que ele tem delas; só assim, poderá ter controle e, se for o caso, alterá-las.

Auto-supervisão

No treino de ser terapeuta relacional sistêmico, o mais importante é aprender a fazer auto-supervisão. Não importa o tempo de prática e a habilidade que o terapeuta tenha, é a auto-supervisão que vai aprimorar e manter a qualidade dos atendimentos.

- → Auto-supervisão após o atendimento: deve acontecer imediatamente após cada um dos atendimentos; com a prática, o terapeuta só necessitará de poucos minutos para isso. As perguntas a serem feitas variam de acordo com o funcionamento de cada terapeuta, mas devem incluir os itens citados a seguir. Como foi a sessão? Fiquei satisfeito? Fiz algo que não deveria/precisaria ter feito? Foi útil para o cliente? Se não, o que eu poderia ter feito? O que posso fazer no próximo encontro?
- → Auto-supervisão no intervalo das sessões: se os minutos de reflexão pós-sessão não trouxerem respostas tranqüilizadoras, bem antes da próxima sessão, o terapeuta deverá tornar a fazer as mesmas perguntas. Deve também pesquisar, estudar e refletir. Caso não fique satisfeito com as respostas, deverá procurar o auxílio de um colega para que faça outras perguntas e coloque outros pontos de vista. Se continuar com dúvidas, deve levá-las a um supervisor com mais prática e distanciamento.
- → Auto-supervisão antes do atendimento: ao preparar a sessão, o terapeuta juntará todos os dados da sessão anterior, das auto-supervisões e dos encaminhamentos

que tenha realizado, tomando providências para usá-las no atendimento.

O Processo do Terapeuta

A proposta é o terapeuta treinar e aprimorar suas condições individuais que possibilitam uma boa visão e compreensão das situações (intuição, sensibilidade) para que, juntando **teoria**, **técnica** e **desenvolvimento pessoal**, possa ser mais hábil na tarefa de avaliar corretamente as situações que lhe são apresentadas.

O terapeuta é um instrumento de auxílio para os clientes seguirem no seu processo de vida. O melhor do terapeuta é aquilo que pode ter ou dar de mais útil para os clientes readquirirem a sua potência de mudança e compreensão. Para isso, o terapeuta vai usar tudo o que sabe (vivências, leituras, aprendizagens, técnicas, relacionamentos), tudo o que tem disponível (técnicas, encaminhamentos, momentos e situações) para auxiliar os seus clientes a terem cada vez mais consciência da forma como funcionam, a adquirirem cada vez mais controle e responsabilidade sobre seus atos e relações.

Além de toda técnica, de toda teoria, de toda compreensão, o que realmente faz a diferença e torna um terapeuta eficiente é sua forma de relação com os clientes; é sua possibilidade de ser firme quando a situação exige e, acima de tudo, sua possibilidade de ter compaixão pela dor, pela dificuldade, pela resistência e pelo sofrimento de quem o procura para terapia.

O terapeuta está estruturado sobre um mapa ou modelo, através do qual percebe, vive, atua nas relações com seus clientes. Seus limites podem ser mais ou menos flexíveis; podem ter maior ou menor capacidade de integrar, adaptar, modificar, ampliar. Também esse sistema torna-se estereotipado e necessita ser reavaliado constantemente. Considerando-se que quanto mais aberto esteja a diferentes estilos, maior possibilidade terá de reestruturar o seu próprio, tornando-o mais rico, essa abertura possibilitará encontrar uma maior variedade de caminhos para atingir suas metas, bem como um maior repertório para resolver os problemas que surgem. Portanto, é necessário que o terapeuta abra seus limites para conhecer novas maneiras e também submeta seu trabalho a avaliação e discussão com outros profissionais da mesma linha (supervisor, colegas etc.) e de outras linhas técnicas e teóricas.

Apesar da postura do terapeuta relacional sistêmico ser a mesma em todos os tipos de trabalho, algumas peculiaridades aparecem nos atendimentos de casal, família e grupos.

Terapeuta de Casal

O papel de terapeuta de casal e o enfoque que ele dá ao seu trabalho dependem das suas vivências de casal e com casais, em toda sua vida. A história pessoal do terapeuta influencia todas as suas escolhas profissionais; no trabalho com casais, porém, essa influência é crucial.

A primeira vivência com casais que uma pessoa tem acontece quando seus pais sabem que estão grávidos. As emoções, dúvidas, conversas que circulam nesse momento começam a impregnar o ser que está sendo gestado da noção do que é um casal, para que um casal fica junto, o que o mantém ligado, entre outros aspectos. A forma como o casal de pais relaciona-se, durante a gravidez e nos primeiros dias de vida do bebê, vai também estruturando a visão interna e inconsciente sobre casais que o sujeito terá na sua vida como adulto e, depois, como terapeuta de casais.

Com base no padrão de relacionamento de casal que os pais têm, a pessoa é criada: sendo incluída ou não na relação deles; de forma explícita ou com injunções subliminares; fazendo parcerias, coalizões ou rejeições; sendo o terceiro da relação ou sendo o foco; entre muitas outras variáveis relacionais triangulares.

Nessas relações básicas de triângulo, cada indivíduo vai poder ou não aprender a lidar de forma funcional com as possibilidades relacionais triangulares.

A partir das experiências com seus pais, e outros casais significativos, o indivíduo faz suas escolhas de parcerias e de casal. Essas experiências dão também encaminhamentos para a construção do perfil de terapeuta de casal que ele fará.

Não há mais dúvida de que a qualidade e a forma do padrão de interação dos pais são definidoras nas escolhas de parceiros que os filhos farão; porém, os outros casais próximos da criança e do adolescente ampliam a visão que o indivíduo tem, também podendo exercer importante influência na visão de casal que ele vai estruturando. Muitas vezes, aparece a importância desses outros padrões de casais na facilidade ou dificuldade que o terapeuta tem para flexibilizar sua visão dos casais, sua forma de trabalhar, seu foco nos processos.

Quanto mais o terapeuta souber das suas questões ligadas ao seu triângulo básico, da sua relação com seus pais, mais hábil ele estará para auxiliar seus clientes, sem enredar-se nos jogos triangulares.

Terapeuta de Grupo

Ao iniciar um grupo, o terapeuta traz também seu mundo interno. São suas vivências e experiências, seus valores e desejos, suas fantasias e dificuldades. A partir desse referencial, ele vai entender o que se passa no grupo e vai trabalhar de determinada maneira, com determinada organização. Portanto, o terapeuta estará mais aberto ou mais fechado a perceber determinados elementos.

A forma de organizar o grupo vai depender da formação básica do terapeuta: o que ele sabe fazer, o que ele já experimentou como cliente e como terapeuta e sabe que funciona, sua formação acadêmica e profissional.

As tarefas importantes do terapeuta de grupo são ajudar os participantes a flexibilizarem seus conceitos e comportamentos e acompanhar as pessoas nas aprendizagens necessárias, sem cristalizar, sem polarizar.

É muito útil que o terapeuta de grupo saiba brincar; através da brincadeira, o terapeuta pode trazer sua espontaneidade e enriquecer a vivência dos clientes, bem como a relação terapêutica. Uma relação que inclui o brincar é uma relação menos dura e que facilita lidar com aspectos difíceis e dolorosos.

Terapeuta de Família

É importante que os terapeutas de família saibam lidar com as situações familiares sem culpar os pais pelo que acontece com os filhos. Mesmo sabendo que a relação do casal define como será a relação como pais e a forma de serem pais define as facilidades, sintomas e dificuldades dos filhos, os bons terapeutas lidam com essas questões compreendendo e desenvolvendo responsabilidades e saídas, mas jamais culpabilizando. Atualmente, quando os casais podem escolher ter ou não ter filhos com mais aceitação social, piorou o nível de cobrança de acertos e erros, e a culpabilização abusiva é um dos efeitos perversos dessa prática contemporânea.

A necessidade de que o terapeuta tenha cada vez maior consciência do seu padrão de interação/padrão de funcionamento é um dos pilares da Terapia Relacional Sistêmica, tendo em vista o desenvolvimento de um trabalho terapêutico mais eficiente e mais eficaz.

Parte-se do pressuposto de que quanto mais o terapeuta for consciente dos seus padrões, mais hábil ele estará para perceber o padrão de funcionamento dos seus clientes (individual, conjugal, familiar); por conseqüência, poderá se colocar relacionalmente de forma a desencadear relações e movimentos mais funcionais no sistema terapêutico e será um terapeuta hábil em estruturar o padrão de interação do sistema terapêutico de forma a usar o que sabe de si da forma mais terapêutica para o cliente.

Algumas características a serem desenvolvidas no treino de ser terapeuta relacional sistêmico:

- desenvolver e ater-se ao pensamento sistêmico;
- não se prender ao conteúdo;
- não ter excesso de curiosidade;
- não se prender no porquê;
- pensar sempre no para quê.

Pode-se dizer sobre ser um terapeuta relacional sistêmico o mesmo que Moreno[65] dizia sobre psicodramatizar: "Precisamos de quatro condições: competência técnica, certa simplicidade cordial e aberta a outrem, muita coragem e imaginação criadora".

---

65 MORENO, J. L. *Psicoterapia de grupo e psicodrama*. São Paulo: Mestre Jou, 1974. p. 91.

Linhas Finais

Ao entregar este livro, uma única questão – o pilar básico da Terapia Relacional Sistêmica – precisa ser reforçada: **a consciência do próprio funcionamento é o primeiro e imprescindível passo para a mudança.**

Qualquer mudança pessoal ou relacional pressupõe ao sujeito enxergar seu próprio funcionamento: o que faz, como faz, para que faz.

A partir disso (começar a mudar, desistir de mudar, fingir que não sabe, empurrar com a barriga), tudo pode ser escolhido, e toda pessoa tem direitos e justificativas para suas escolhas. No entanto, ela terá responsabilidade pelo caminho que trilhará e pela história que irá escrever.

Referências

ANDOLFI, M. *A terapia familiar.* Lisboa: Editorial Veja, 1981.

_____. *et al. Por trás da máscara familiar.* Porto Alegre: Artes Médicas, 1984.

BAKER, E. F. *O labirinto humano.* São Paulo: Summus, 1980.

BOWEN, M. *De la familia al individuo.* Barcelona: Paidós, 1991.

BUSTOS, D. M. *Novas cenas para o psicodrama.* São Paulo: Agora, 1999.

COSTA, R. A. *Sobre Reich*: sexualidade e emoção. Rio de Janeiro: Achiamé, 1984.

DIAS, V. R. C. S. *Análise psicodramática.* São Paulo: Agora, 1994.

_____. *Psicodrama.* Teoria e prática. São Paulo: Agora, 1987.

DYCHTWALD, K. *Corpomente.* São Paulo: Summus, 1984.

FONSECA FILHO, J. *Psicoterapia da relação.* São Paulo: Agora, 2000.

_____. *Psicodrama da loucura.* São Paulo: Agora, 1980.

KESSELMAN, H. *Psicoterapia breve*. Madrid: Editorial Fundamentos, 1985.

LOWEN, A. *Bioenergética*. São Paulo: Summus, 1982.

_____. *O corpo em terapia*. São Paulo: Summus, 1977.

MENEGAZZO, C. M. *Magia, mito e psicodrama*. São Paulo: Agora, 1994.

MINUCHIN, S. *Famílias*: funcionamento e tratamento. Porto Alegre: Artes Médicas, 1990.

_____.; FISHMAN, H. C. *Técnicas de terapia familiar*. Porto Alegre: Artes Médicas, 1990.

MONTEIRO, R. F. *Técnicas fundamentais do psicodrama*. São Paulo: Agora, 1998.

MORENO, J. L. *Psicodrama*. São Paulo: Cultrix, 1975.

_____. *Psicoterapia de grupo e psicodrama*. São Paulo: Mestre Jou, 1974.

NNEIL, J. R. ; KNISKERN, D. P. *Da psique ao sistema*. A evolução da terapia de Carl Whitaker. Porto Alegre: Artes Médicas, 1990.

REICH, W. *Análise do caráter*. São Paulo: Martins Fontes, 1972.

REICH, E.; ZORNANSZKY, E. *Energia vital pela bioenergética suave*. São Paulo: Summus,1998.

ROJAS-BERMUDEZ, J. G. *Introdução ao psicodrama*. São Paulo: Mestre Jou, 1980.

_____. *Núcleo do Eu*. São Paulo: Natura, 1978.

ROSSET, S. M. *123 técnicas de psicoterapia relacional sistêmica*. 3. ed. Curitiba: Sol, 2008.

_____. *Pais e filhos*: uma relação delicada. 3. ed. Curitiba: Sol, 2007.

_____. *Aplicação da abordagem corporal na terapia de casal e família*. Curitiba, 2005.

_____. *O casal nosso de cada dia*. Curitiba: Sol, 2004.

_____. *Izabel Augusta*: a família como caminho. Curitiba: Livraria do Chain, 2001.

_____. *Corpo, mito, destino e liberdade*. Curitiba, 1991.

_____. *Prevenção de neurose*. Curitiba, 1984.

_____. *Psicologia do parto*. Curitiba, 1983.

SATIR, V. *Terapia do grupo familiar*. Rio de Janeiro: Francisco Alves, 1977.

SCHUTZ, W. *Profunda simplicidade*. São Paulo: Ágora, 1989.

WHITAKER, C. *Dançando com a família*. Porto Alegre: Artes Médicas, 1990.

WILLI, J. *La pareja humana*: relación y conflicto. Buenos Aires: Ediciones Morata, 1992.

WILLIAMS, A. *Psicodrama estratégico*. São Paulo: Agora, 1994.

Anexos

1 Momentos e vetores da programação

Um dos auxílios importantes na avaliação do sistema que está pedindo a terapia é a utilização da proposta técnica/teórica de Terapia Breve de Henri Kesselman[66].

Essa proposta define que antes de programar-se uma sessão ou um processo terapêutico, é importante levar em conta os quatro momentos de um evento ou princípios básicos para o planejamento e avaliar os seis tópicos de funcionamento.

Quatro momentos[67]

→ Logística: é a exploração informativa do campo em que se vai trabalhar. É o levantamento de todos os dados que envolvem as pessoas e as situações. Responde pelo **onde** se vai operar. Na situação clínica, significa colher os dados referentes ao que está acontecendo, como, quando, com quem; como as pessoas estão envolvidas, quais são as expectativas, quais são os desejos, o que já fizeram para resolver a questão.

→ Estratégia: é a construção de um plano de ação que se vai percorrer para chegar ao objetivo, utilizando os dados que foram obtidos na etapa de logística.

---

66 KESSELMAN, H. *Psicoterapia breve*. Madrid: Editorial Fundamentos, 1985. p. 33-43.

67 *Ibid*., p. 39-41.

Responde pelo **o quê** vai se fazer. No processo terapêutico, engloba a avaliação e a decisão de quem chamar para a primeira sessão e/ou para as sessões seguintes, que tipo de atendimento se vai realizar (familiar, casal, individual); quais propostas serão feitas.

→ Tática: é o momento, o lugar e a forma adequada de colocar o plano em prática. Pressupõe o uso do "tato" para, da forma mais hábil, fazer ou dizer as coisas no melhor momento. Responde pelo **como** vai se fazer algo. Significa a escolha da forma que vai ser usada para proporem-se tarefas, trabalhos e encaminhamentos, bem como a percepção de que linguagem será melhor usar e do que faz diferença para o cliente em questão.

→ Técnica: é a escolha dos recursos e instrumentos para implementar as ações. Responde pelo **com o quê** vai se fazer algo. Na situação terapêutica, é o uso de tarefas, técnicas e modelos de sessão, com o objetivo de desenvolver o trabalho clínico.

Seis vetores do funcionamento[68]

→ Pertenência: é a identidade do sujeito com a tarefa. Mede-se pelo grau de responsabilidade e de pertencimento com a situação ou problema. Existem distintas formas de pertenência ou de maior ou menor pertenência dentro da mesma forma. Num pedido de terapia familiar, é importante essa avaliação para que a primeira sessão seja coerente com o envolvimento de toda a família nuclear. No andamento da terapia, ao avaliar-se a pertenência, novas pessoas poderão ser chamadas e outras poderão deixar de vir às sessões.

---

68 *Ibid.*, p. 34-36.

- Pertinência: é a capacidade de centrar-se na tarefa. É o que permite que a tarefa mantenha-se no seu eixo e no sentido de processo. A avaliação da pertinência leva-nos a redefinir os pedidos no início da terapia*, a não aceitar pedidos que têm razões ou objetivos inviáveis e a auxiliar os clientes a saírem das queixas e perceberem outras questões envolvidas.
- Comunicação: é o que existe na forma e no conteúdo das comunicações, na dinâmica entre emissor, receptor, ruídos ou clareza nas mensagens. É a capacidade de fazer-se entender pelo outro e conseguir entender o outro. Na situação clínica, significa escolher palavras e formas de falar e comunicar-se com o cliente; significa escolher a rapidez, a explicitação na conversa ou a necessidade de checar se o que é dito é realmente compreendido; significa a possibilidade de usar metáforas ou valer-se da comunicação literal e direta.
- Aprendizagem: é a capacidade de pensar as relações, os sentimentos, as ações e os pensamentos. Inclui a capacidade de reconstruir os fatos históricos para compreender o presente e confeccionar um projeto futuro. No processo terapêutico, vai definir como auxiliar o cliente a apreender as informações, enxergar os funcionamentos e usar o que enxergar de forma integrada para fazer as mudanças.
- Cooperação: é o grau de envolvimento real que o sujeito investe na tarefa. Pressupõe disponibilidade e ação para concretização. Significa o quanto o cliente está disposto a abrir-se e entregar-se às propostas terapêuticas.

---

* Ver item Primeira Sessão, p. 40.

→ Tele: é a possibilidade de enxergar o outro como ele realmente é, e mostrar-se como realmente é. Existem níveis maiores ou menores de tele. Ao perceber como o cliente funciona nesse item, o terapeuta vai ficar sempre atento às possíveis depositações ou distorções que ele pode fazer e será cuidadoso ao fazer declarações ou prescrições.

2 Teorias de desenvolvimento

Existem algumas teorias que a Terapia Relacional Sistêmica usa para enxergar o padrão de funcionamento dos clientes. São teorias de desenvolvimento que facilitam a avaliação do estágio e do padrão de desenvolvimento de cada um dos indivíduos. Seria necessário muito espaço para descrever cada um delas; então, aqui serão relatadas a título de ilustração e só os aspectos que estão inseridos automaticamente na forma de olhar e ver o cliente. Para evitar as simplificações, pode-se recorrer à bibliografia específica de cada teoria.

Teoria de Desenvolvimento do Caráter

Caráter é um padrão fixo de comportamento. É o modo típico de uma pessoa conduzir sua busca pelo prazer e define sua forma de pensar, sentir e agir.

O caráter aparece:

- na estrutura corporal (na forma de tensões musculares, em geral inconscientes e crônicas), que bloqueia ou limita os impulsos no seu trajeto até o objeto ou fonte;
- na atitude psíquica, que se escora num sistema de negação, de racionalizações e de projeções, voltado para a concretização de um ego ideal que confirme seu valor.

A identidade funcional entre corpo e atitude psíquica é a chave para a compreensão da personalidade, bem como a abordagem para a leitura e compreensão dos caráteres.

A estruturação e diferenciação de caráter[69] [70] [71] dependem:

- da fase em que o impulso é frustrado; se na fase inicial, reprime bem o impulso (não sublimado, nem insatisfeito); se no auge do impulso, há conflito indissolúvel entre impulso e proibição;
- da freqüência e a intensidade das frustrações;
- da correlação entre indulgência e frustração;
- das contradições da própria frustração;
- dos impulsos contra os quais a frustração é principalmente dirigida;
- do sexo das pessoas principalmente responsável pelas frustrações.

No processo de crescimento, a criança tem necessidades básicas em cada uma das fases de desenvolvimento. Essas necessidades podem ser **supridas, reprimidas** ou **frustradas**. Dependendo da fase de desenvolvimento (Estágio Ocular, Estágio Oral, Estágio Anal, Estágio Fálico e Estágio Genital) em que a criança for mais intensamente reprimida ou frustrada, irá desenvolver sua estrutura básica de caráter.

Teoria de Desenvolvimento da Matriz de Identidade[72]

Segundo essa teoria, existem nove fases no desenvolvimento do ser humano.

1) Indiferenciação: a criança é regida pelos mecanismos interoceptivos e está misturada com o "mundo".
2) Simbiose: a criança vai caminhando para ganhar sua identidade como pessoa, mas ainda está unida por uma forte ligação com a mãe. A permanência desse anel de ligação, ou o seu não-desligamento definitivo,

69 REICH, W. *Análise*. p. 192-201.
70 LOWEN, A. *Bioenergética*. p. 131.
71 BAKER, E. F. *O labirinto*. 29-100.
72 FONSECA FILHO, J. *Psicodrama*. p. 83-103.

seria como a persistência de um cordão umbilical psicológico.

3) Reconhecimento do Eu: a criança passa para um estágio de reconhecimento de si mesma, de descoberta da sua própria identidade; fica polarizada por si mesma.
4) Reconhecimento do Tu: faz parte do mesmo processo de reconhecimento do Eu; conforme vai se reconhecendo como separada do outro, a criança começa a enxergar o outro e a fixar-se no outro em determinados momentos.
5) Relações "em corredor": a criança já reconhece o Eu e o Tu como separados e começa a separar a fantasia da realidade; faz relacionamentos exclusivos e possessivos, com um Tu de cada vez, como se fosse a única pessoa a existir além dela.
6) Pré-inversão: a criança começa a fazer de conta que é o outro, seja um animal uma pessoa, a mãe, enquanto a boneca é ela mesma, e assim por diante.
7) Triangulação: o aspecto comunicacional do relacionamento deixa de ser bipessoal e passa a ser triádico; descobre que, além do Tu, existe um Ele; a resolução ideal dessa fase seria a criança poder aceitar que os outros têm relacionamentos independentemente dela.
8) Circularização: é quando a criança entra em contato com grupos e consegue se relacionar com os elementos juntos ou com cada um em separado.
9) Inversão de papéis: depois de todo o treinamento dos jogos de papéis, a criança vai atingir a plena capacidade de realizar uma relação de reciprocidade, de mutualidade; significa poder se colocar no lugar do outro vendo a si mesma e permitir que o outro se coloque no seu lugar, vendo-o com seus olhos.

Teoria de Desenvolvimento do Núcleo do Eu[73] [74]

Ao nascer, o bebê tem o psiquismo caótico e indiferenciado; só tem a sensação de existir.

Até os três meses, vai registrando as sensações de satisfação ou insatisfação relacionadas à mamada e ao contato com a mãe; vai incorporando os conteúdos externos no meio interno. Dessa forma, ele vai desenvolvendo seu **papel psicossomático de ingeridor**, organizando e diferenciando uma parte do psiquismo caótico e indiferenciado. Ao mesmo tempo, ele vai incorporando o clima afetivo da mãe e o que ocorre entre a mãe e ele no período das mamadas. Assim, ele vai estabelecendo o seu **modelo psicológico do ingeridor** (o papel psicossomático do ingeridor somado ao clima afetivo das mamadas), que responde pela forma como o indivíduo vai funcionar com relação a todas as situações de ingestão, assimilação, busca de atendimento às suas necessidades.

Dos três aos oito meses, o foco cenestésico sai do estômago, boca e esôfago e passa para o intestino grosso e ânus. A criança vai, então, estruturando seu **papel psicossomático de defecador,** de acordo com as experiências satisfatórias ou desagradáveis dessa fase. A vivência cenestésica de surgimento (solidificação) das fezes vai influenciar a vivência psicológica ligada à criação. A vivência cenestésica de oposição (pressão das alças intestinais sobre o bolo fecal) vai influenciar a vivência psicológica ligada à elaboração. A vivência cenestésica da descarga motora (mobilização muscular) vai influenciar a vivência psicológica ligada à expressão. A vivência cenestésica de perda (saída do bolo fecal) vai influenciar a vivência psicológica ligada à comunicação. Dessa forma, ele vai estabelecendo o seu **modelo psicológico do defecador** (o papel psicossomático do defecador somado ao clima afetivo da matriz familiar), que responde pela forma

---

73 DIAS, V. R. C. *Psicodrama*. p. 11-39.

74 ROJAS-BERMUDEZ, J. G. *Núcleo do Eu*. São Paulo: Natura, 1978.

como o indivíduo vai funcionar nas situações ligadas à produção (criação, elaboração, expressão e comunicação).

Ao estruturar o modelo de defecador, este se junta ao modelo de ingeridor e define a área ambiente, que é responsável pela percepção interna do ambiente externo que o indivíduo vai ter.

Dos oito meses aos dois anos, a criança vai desenvolvendo seu **papel psicossomático de urinador**, através da sensação cenestésica da tensão lenta e global seguida por descarga motora rápida e prazerosa. A tensão leva à atenção ao ambiente interno. A vivência cenestésica de tensão lenta e progressiva (de uma tensão global passa para uma tensão na região da bexiga urinária) vai influenciar a vivência psicológica ligada à ativação mental de fantasias, devaneios e planejamentos. A vivência cenestésica de controle do esfíncter vai influenciar a vivência psicológica ligada ao controle da vontade. A vivência cenestésica de decisão de abertura do esfíncter vai influenciar a vivência psicológica ligada à decisão de praticar uma ação. A vivência cenestésica do início da descarga motora vai influenciar a vivência psicológica ligada ao dar início da ação. A vivência cenestésica de descarga motora rápida e prazerosa vai influenciar a vivência psicológica ligada à execução das ações no ambiente externo para satisfazer desejos internos. Dessa forma, ele vai estabelecendo o seu **modelo psicológico do urinador** (o papel psicossomático do urinador somado ao clima afetivo da matriz familiar e social, mais as aprendizagens dentro do núcleo familiar, somado ao tamanho da uretra, que define a diferença de pensamento: de conquista, nos homens, e de sedução, nas mulheres), que responde pela forma como o indivíduo vai funcionar nas situações ligadas à ação no ambiente externo (funcionamento mental, vontade e execução de ações externas coerentes com os desejos).

Os três papéis compõem o Si mesmo psicológico.

Quando a pessoa registra dificuldades na estruturação do

papel de ingeridor, que está entre a área corpo (sentir) e área ambiente (perceber), o funcionamento fica mais na área mente (pensamento, explicação, raciocínio), fazendo com que a identidade consciente esteja mais nos processos de pensamento e explicação. Para resolver a confusão entre o sentir (corpo) e o perceber (ambiente), ela pode usar mecanismos reparatórios da área corpo: reter sensações e emoções, convertendo-as em sintomas corporais e gerando defesas histéricas (conversivas), ou utilizar recursos da área ambiente: distanciamento de certas situações, gerando defesas fóbicas.

Quando o papel que sofreu mais restrições na sua estruturação foi o de defecador, o psiquismo estará mais localizado nos processos de sentir (corpo) e, portanto, a identidade consciente vai estar mais focada em suas emoções e sensações. As zonas de confusão serão entre o pensar (mente) e o perceber (ambiente). Poderá, então, usar mecanismos reparatórios da área ambiente: criará situações no ambiente externo, para levá-lo a fornecer informações que deseja, e usará invasão e manipulação externa para resolver uma dúvida interna, sem que esta seja identificada, gerando defesas psicopáticas. Se usar defesas da área mente, criará justificativas, teorizações e outras para justificar ações, pensamentos e sentimentos, gerando defesas depressivas.

Se for o papel do urinador que sofreu maiores restrições, a sua porosidade trará alterações no planejamento e na decisão de executar atos no ambiente externo que gratifiquem desejos internos. Essa confusão entre o pensar (mente) e o sentir (corpo) define uma identidade consciente mais focada na percepção do mundo externo. Se os mecanismos reparatórios usados forem da mente, a pessoa terá pensamentos repetitivos e constantes, carregados de angústia, gerando idéias obsessivas. Se usar as defesas da área corpo, terá ações repetitivas e carregadas de angústia, gerando rituais compulsivos.

Princípio das Dimensões Básicas[75]

Os organismos estabelecem e mantém determinados equilíbrios entre o que há dentro e o que há fora dos seus limites com o objetivo de funcionar eficazmente. Os ciclos de energia são desencadeados e motivados pela ocorrência de desequilíbrios nesse funcionamento.

As dimensões básicas dos desequilíbrios humanos decorrem de duas fontes: a interação do bebê com outros seres humanos até se tornar adulto; as exigências necessárias à ação em grupo.

No processo de desenvolvimento o indivíduo passa por fases, cada uma delas responsável por uma forma de relações e relacionamentos.

A primeira fase é a do **desejo de contato ou inclusão** (corresponde à fase oral) e define a forma das relações de inclusão que o indivíduo estruturará. O padrão de inclusão responderá pela forma como o indivíduo lida com inclusão, exclusão, pertinência, proximidade, pertencimento. A questão básica é "O que significo para as pessoas?", e a ansiedade da inclusão é: "Sou insignificante?". O problema é ficar dentro ou fora das situações e relações, determinando se o indivíduo será ultra-social, sub-social ou social. As interações de inclusão concentram-se nos encontros.

A segunda é a fase de **socialização**, ligada à distribuição de poder e responsabilidade (corresponde à fase anal, de dois a quatro anos), e define as relações de controle. O padrão de inclusão responderá pela tomada de decisão entre pessoas, na área de poder, da influência e da autoridade. A questão básica é: "Qual é a minha competência?", e a ansiedade do controle é: "Sou incompetente?". O problema é estar "por cima" ou "por baixo" nas relações, determinando se o indivíduo será abdicrata, autocrata ou democrata. A interação primária do

---

75 SCHUTZ, W. *Profunda simplicidade*. São Paulo: Agora, 1989. p. 103-124.

controle é o confronto.

A terceira fase corresponde à **complexidade do amor** (fase fálica e genital) e define o padrão das relação de afeto. O padrão de inclusão responderá pelos sentimentos de proximidade, pessoais e emocionais entre duas pessoas. A questão básica é: "Qual é minha capacidade de ser amado pelas pessoas?", e a ansiedade do afeto é: "Sou incapaz de ser amado?". O problema é estar próximo ou distante das situações e relações, determinando se o indivíduo será subpessoal, superpessoal ou pessoal. A interação afetiva é o abraço

Os sintomas de inclusão aparecem nos limites entre o Eu e o resto do mundo, na pele, nos órgãos sensoriais, nos sistemas de intercâmbio com o meio ambiente (respiratório, digestivo, excretor). As atitudes relativas a esses órgãos estão ligadas aos sentimentos de aceitação pelos outros.

Os sintomas de controle aparecem nos músculos, no esqueleto, no sistema nervoso, nas glândulas endócrinas. São os sistemas usados por cada um para enfrentar o mundo, para manter-se saudável e afirmar-se como pessoa.

Os sintomas de afeto são ligados ao coração, aos genitais e ao sistema circulatório.

Teoria das Colusões

A colusão é o jogo conjunto inconsciente e não-confessado, devido a um conflito fundamental similar não-superado pelos elementos do casal. Esse conflito fundamental não-superado atua em distintos papéis de formas complementares (um joga o papel de progressivo, e o outro, de regressivo), dando a impressão de que um é diferente do outro; porém, trata-se meramente de variantes polarizadas de um mesmo.

De acordo com as fases de desenvolvimento às quais o par está preso, as colusões são: colusão narcisista, colusão oral, colusão anal-sádica e colusão fálico-edipal. Cada uma delas apresenta seu jogo próprio e formas específicas de intervenção terapêutica.[76]

Teoria de Murray Bowen sobre a Diferenciação do Ego

Na sua teorização sobre níveis de diferenciação, Bowen[77] esclarece que existe um ego familiar comum indiferenciado (EFCI) que é uma identidade emocional, aglutinada, que existe em todas as famílias, em graus variados. É um conglomerado emocional singular que existe em todos os níveis de intensidade (desde mais intenso até mais imperceptível) nas famílias. Trata-se de um processo emocional que se estrutura dentro do ego familiar nuclear comum (pais mãe, filhos) por padrões definidos de resposta emocional.

Todos os membros da família estão implicados no EFCI em diferentes graus. Isso depende da intensidade do processo emocional que está ocorrendo em determinado momento familiar e do estado funcional das relações individuais com o núcleo central comum familiar. Nos períodos de tensão e crise, pode chegar a envolver todos e até os membros mais periféricos, inclusive parentes. Nos períodos de calma, fica relativo, reduzido a um pequeno setor da família.

Dependendo do envolvimento do indivíduo no EFCI, ele terá um nível determinado de diferenciação de ego. Quanto mais intenso, mais vai predominar fusões e indiferenciação. Isso significa que a pessoa terá suas ações definidas pelas normas familiares e centradas no seu Eu; viverá mais no mundo sentimentos; estará sempre em busca aprovação; defenderá intensamente dogmas religiosos, valores culturais, superstições e crenças; terá mais dificuldade em mudar suas idéias rígidas; acreditará que os outros são responsáveis por sua manutenção e felicidade; terá possibilidades de contato com a intrapsique

---

76 WILLI, J. *La pareja humana*: relación y conflicto. Buenos Aires: Ediciones Morata, 1992.

77 BOWEN, M. *De la familia al individuo*. Barcelona: Paidós, 1991. p. 64-86.

do outro, sabendo intuitivamente o que o outro pensa e sente; terá muitas dificuldades na comunicação.

A transmissão dos níveis de diferenciação acontece trigeracionalmente; a maturidade ou imaturidade passam de forma multigeracional, através das relações: primeiro, com a mãe; depois, com o pai; mais tarde, com os outros membros da família.

OUTROS LIVROS DA AUTORA

Izabel Augusta - A família como caminho

Solange Maria Rosset

ISBN: 978-85-89484-1-21

Pais e filhos: uma relação delicada

Solange Maria Rosset

ISBN: 978-85-88009-3-94

O casal nosso de cada dia

Solange Maria Rosset

ISBN: 978-85-88009-3-70

Terapia relacional sistêmica

Solange Maria Rosset

ISBN: 978-85-88009-3-01

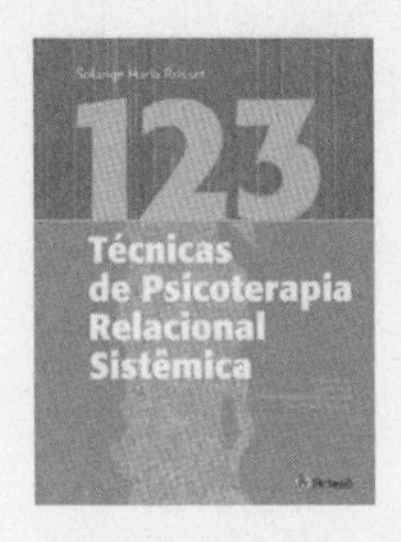

123 técnicas de psicoterapia relacional sistêmica

Solange Maria Rosset

ISBN: 978-85-88009-3-87

Mais técnicas de psicoterapia relacional sistêmica - Vol. 2

Solange Maria Rosset

ISBN: 978-85-88009-4-48

Brigas na família e no casal

Solange Maria Rosset

ISBN: 978-85-88009-5-54

Temas de casal

Solange Maria Rosset

ISBN: 978-85-88009-6-91

O terapeuta de família e de casal - Competências teóricas, técnicas e pessoais
Solange Maria Rosset
ISBN: 978-65-86140-5-76

Como transformar seus relacionamentos
Solange Maria Rosset
ISBN: 978-85-70741-1-58

Para informações sobre Cursos, Palestras, Workshops e Textos sobre Terapia Relacional Sistêmica:

Solange Maria Rosset

Site: www.srosset.com.br
E-mail: srosset@terra.com.br
Fone/Fax: (41) 3335-5554
Curitiba - Paraná - Brasil